KB063463

상대적이며 절대적인

우 리 말
백과사전

상대적이며 절대적인 우리말 백과사전

초판 1쇄 인쇄 | 2016년 11월 4일
초판 1쇄 발행 | 2016년 11월 11일

지은이 | 이재운
펴낸이 | 이춘원
펴낸곳 | 책이있는마을
기 획 | 강영길
편 집 | 이경미
사 진 | 김성헌
디자인 | 에테르9팩토리
마케팅 | 강영길
관 리 | 정영석

주 소 | 경기도 고양시 일산동구 무궁화로120번길 40-14 (정발산동)
전 화 | 031-911-8017
팩 스 | 031-911-8018
이메일 | bookvillagekr@hanmail.net
등록일 | 1997년 12월 26일
등록번호 | 제10-1532호

ISBN 978-89-5639-266-0 (03710)

이 도서의 국립중앙도서관 출판예정도서목록(CIP)은 서지정보유통지원시스템 홈페이지
(http://seoji.nl.go.kr)와 국가자료공동목록시스템(http://www.nl.go.kr/kolisnet)에서
이용하실 수 있습니다.(CIP제어번호: CIP2016024935)

상대적이며 절대적인

우리말
백과사전

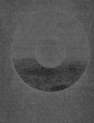

이재운 지음

책이있는마을

들어가는 말

나는 대학에서 소설 창작을 공부하고 대학원에서는 시론을 공부했다. 초급 과정에서는 김동리 선생으로부터 정확한 단어와 문장을 만드는 법을 반복해서 배웠다. 서정주 선생과 구상 선생도 시와 시어를 가르쳐주셨다.

그때 김동리 선생은 문법, 어휘, 문장을 특히 강조하셨다. 단어가 틀리면 꾸짖으시고, 문장이 틀리면 호통을 치시고, 분명하지 않거나 거짓말이거나 자기 생각을 글로 잘 표현하지 못해도 혼내셨다. 아마도 이것이 내가 '뜻도 모르고 자주 쓰는 우리말 시리즈'를 기획한 무의식적인 동기일 것이다.

그런데 서정주 선생은 다른 면에서 나의 귀감이 되었다. 선생은 단어 하나하나에 집중하여 그 뜻을 새기고, 어원과 배경을 찾는 습관을 나에게 가르쳐주셨다.

"한문 공부는 하냐? 너 한문 공부해서 한문 책을 많이 읽어야 한다. 그래야 힘 있는 말을 갖게 된다."

그리고 《삼국유사》, 《삼국사기》 등을 공부하면서 신라의 시어를 무수히 길어 올린 말씀을 해주셨다. 좋은 글을 쓰려면 관찰자의 눈으로는 부족하다, 그 눈이 아무리 예리해도 안 된다, 공부를 하지 않는 시인 작가는 전쟁하러 나가면서 손으로 나가는 것과 같다는 말씀이셨다.

이를테면 선생의 시집 《질마재신화》 같은 경우, 그 마을에 살았다고 해서 누구나 그렇게 쓸 수 있는 것은 아니라는 것이다. 그런 인물과 사연, 시대를 읽어낼 어휘와 지식과 상식과 문화를 알지 못하면 거기서 백 년을 살아도 그런 시를, 그런 글을 쓸 수 없다는 말씀이셨다.

이후 나는 한문 고전 읽기에 나서서 원문을 읽어내는 능력이 생길 때까지 공부했다. 게다가 역사소설이란 장르를 잡고 나니 더더욱 고전을 읽지 않으면 안 되었다. 그야말로 사고전서를 읽어내야만 했다.

고은 선생이 안성에 사실 때, 1998년에 출간한 내 소설 《천년영웅 칭기즈 칸》에 추천사를 써주신 인연으로 몇 번 찾아뵈었는데, 나는 시인께서 해마다 노벨문학상 후보로 추천되면서도 결실을 보지 못하는 원인이 '문법이 거칠고 뜻이 모호한 우리말 어휘'에 있다고 판단했다.

　　1894년 갑오개혁 때 고종이 한글을 쓰라는 칙령을 내린 이후 비로소 한글과 우리말이 제대로 쓰이기 시작했으니 그 역사가 고작 100여 년을 조금 넘고, 현대적 의미의 우리말 사전을 만든 것은 고작 80여 년 전이다. 일제강점기인 1938년에 《조선어사전》이 간행되고, 1942년 조선어학회사건 등을 거쳐 1947년에야 《조선말큰사전》이 나왔다. 그러니 광복 후에도 막연한 '구전 우리말'로 글을 쓰는 분들이 많았고, 1933년생인 고은 선생도 이러한 문학 언어 환경에서 벗어날 수가 없었다.

　이처럼 우리말이 우리 문학 언어가 된 지 햇수로는 불과 100여 년이 넘는다. 그것도 기독교인들이 《성경》을 번역하면서 줄기차게 써준 덕분에, 또 선각자 몇 분이 뼈를 깎는 노력으로 우리말이 문학 언어가 되었지, 안 그랬다면 어쩌면 나마저 아직 한문으로 소설을 쓰고 앉아 있을지 모른다.(그럼에도 초기의 거친 문법과 한자어가 너무 많이 들어간 성경 번역본이 오늘날에는 도리어 국어 발전의 장애가 되고 있다.)

　　짧은 역사를 가진 우리말로 한국 문학이 이만큼의 성과를 낸 것도 대단하다고 생각한다. 하지만 한자와 일제강점기 일본어의 영향으로 문학 언어로서, 문자로서 정제되지 못한 게 사실이다.

나는 김동리 선생과 서정주 선생의 가르침대로 오늘날까지 내가 늘 쓰는 어휘와 문장을 다듬어왔다. 아름다운 표현이나 감동적인 문구보다 정확하고 바른 어휘와 글을 쓰는 게 먼저라는 가르침을 충실히 따르려 애썼다.

어떤 총이든 실탄의 규격이 정확하고 품질이 좋아야 한다. 그래야 표적을 정확하게 쏘아 맞힐 수 있다. 어떤 작가는 우리말로 표현이 안 되니까 잘 안 쓰는 어려운 한자어를 갖다가 쓰기도 한다. 다 우리말 어휘가 풍부하지 못해서 그렇다고 여긴다. 그러나 지금도 많은 국어학자들이 우리말의 어원을 찾아내고, 우리말의 숨은 뜻을 다듬고 있다. 단어 하나 때문에 몇 년씩 고생하는 분도 있다. 내가 사전 작업을 20년째 놓지 못하는 이유도 그들과 다르지 않다.

나는 이런 마음으로 소설을 쓰는 일 말고도 《우리말큰사전》류가 해내지 못하는 작은 '사전辭典'과 '사전事典'을 펴내는 작업을 꾸준히 해왔다.

김동리 선생과 서정주 선생 생전에 '뜻도 모르고 자주 쓰는 우리말 시리즈'인 《뜻도 모르고 자주 쓰는 우리말

1000가지》, 《뜻도 모르고 자주 쓰는 우리말 어원 500가지》,
《뜻도 모르고 자주 쓰는 우리말 1000가지》, 《뜻도 모르고 자
주 쓰는 우리말 숙어 1000가지》를 펴냈고, 그리고 이 책《상
대적이며 절대적인 우리말 백과사전》이 그 뒤를 잇는 성과물
이다. 앞으로도 궁중 언어, 백정 언어, 남사당 언어, 심마니
언어, 노름 언어, 해녀와 어부의 언어를 다룬 작은 사전을 더
내놓을 생각이다.

나는 우리말이 자리 잡지 못한 혼란기인 1958년에
태어나 유신 교육을 받고 자랐다. 또한 문학 언어가 되기에
는 많이 부족한 우리말로 글을 쓰면서 오늘까지 살아왔다.
1982년 처음 소설을 펴낸 이래 우리말의 어휘가 뜻이 분명하
지 않고 문법이 어지러워 늘 아쉬웠다.

국회에서 법을 만들고 지방의회에서 조례를 만들
때마다 어휘를 규정하는 조항이 반드시 들어간다. 법률이나
조례의 어휘란 누구든지 똑같은 의미로 말하고 들어야 하기
때문이다. 그래야 오해가 없고 의미 전달이 정확해진다.

이런 뜻으로 보자면 우리말 자체가 그래야 한다.
그래서 생활 속에서는 상대적으로 다양하게 쓰이더라도, 법

률이나 조례에서 절대적인 의미로 고정돼 있어야 한다. 그런데 막상 사전 작업을 하다 보니 뜻밖에도 제대로 쓰이지 못한 채 굴러다니는 말들을 많이 발견했다.

그래서 고전을 공부하고 소설을 쓰는 틈틈이 내게 필요한 사전을 만들어왔다. 소설가로서 올바르고 효율적인 무기를 갖고 싶었다. 앞으로 자라나는 세대들은 좋은 문학 언어로 글을 쓸 수 있는 세상이 오기를 바랐다.

이런 간절한 마음으로 만든 《상대적이며 절대적인 우리말 백과사전》은 우리말 어휘를 더 바르고 정확하게 정의한 사전이다. 아울러 우리말 어휘에 생명과 힘을 부여한 성과물이다. 이런 점에서 이 책이 '뜻도 모르고 자주 쓰는 우리말 시리즈'와 함께 우리말을 가다듬고, 키우고, 늘리고, 또렷하게 자리 잡는 데 도움을 주리라고 생각한다.

이재운

차 례

제4장 도량형 관련

제5장 시간, 계절 관련

제6장 지리, 지형 관련

 제7장 법률, 규정, 약속 등에 따른 구분

제8장 어휘에 따른 구분

제9장 상대적이며 절대적인 한자어

태아는 언제부터 사람인가 신생아로 규정할 수 있는
기간은 어린이, 청소년, 어른, 노인은 어떻게 구분하나
몇 살이 되면 결혼할 수 있을까. 결혼하면 성인이 되는
걸까 노총각, 노처녀의 기준은 몇 살 몇 살부터
'옹'이라고 칭할까 해수욕장 피서 인파는 어떻게 헤아
릴까 얼마나 사귀어야 친구라고 할 수 있나 경작지
를 얼마나 가져야 농민이라고 하나 키다리와 난쟁이의
기준은 몇 센티미터일까 비만의 기준은 몇 킬로그램일
까 에이스가 되려면 얼마나 잘해야 하나 얼마나 굵
어야 굵었다고 하나 죽음이란 무엇인가 죽음의 종
류 죽음을 뜻하는 여러 가지 표현 장정은 몇 살가량
의 남자를 가리키나 공주와 옹주, 군과 대군은 어떻게
다른가 머리와, 얼굴의 털을 가리키는 여러 가지 말
뛰어난 사람을 가리키는 여러 가지 말 장(臟)과 장(腸)
은 어떻게 다른가

제1장

사람 관련

태아는
언제부터
사람인가

일반적으로 낙태 반대론자들은 생명의 시작점을 정자와 난자가 만나는 시점으로 잡는다. 따라서 수정란이 곧 사람이며, 낙태는 언제 하든 살인이라고 규정한다. 반면에 낙태 찬성론자들은 수정란은 물론이고 출산 전까지의 태아도 생명체, 즉 인간으로 인정하지 않으며, 이 때문에 낙태는 합법적이며 살인죄에 저촉되지 않는다고 주장한다.

이처럼 생명의 시작에 대한 주장은 여러 가지가 있다.

첫째, 수정설이다. 정자와 난자가 만나 수정란이 되는 시점부터 인간의 생명이 시작된다는 설이다. 이 수정설은 기본적으로 기독교를 비롯한 종교계와 낙태를 반대하는 사람들이 주장하고 있다.

둘째, 착상설이다. 정자와 난자가 결합하여 형성된 수정란이 2배수 분열을 하며 자궁내막까지 이동하는 수정 후 7일째, 수정란이 자궁내막 안쪽으로 들어와 착상한 시점을 생명의 시작으로 보는 시각이다.

셋째, 뇌 기능설이다. 뇌가 생성되어 그 기능을 발휘하기 시작하는 수정 후 60일경을 생명의 시작점으로 정하자는 설이다. 이는 몸의 각 부분보다 뇌간을 비롯한 신경중추가 자라기 시작하는 시점을 더 중시하는 견해다. 일반적으로 이 설이 가장 널리 인정되고 있다.

넷째, 미국의 예처럼 태아가 산모의 몸 밖에서 생존할 수 있는 28주부터 법적인 생명체로 인정하는 것이다.(미국연방법원)

다섯째, 우리나라의 예로서, 민법에서는 "태아가 모체로부터 전부 노출한 때"를 생명체로 규정하고 있으며, 형법에서는 산모의 경부가 열리기 시작하면서 진행되는 진통을 기준 삼아 생명체로 간주하고 있다.

여섯째, 착상 후 3일째부터 인간으로 봐야 한다는 시각이다. 과학적으로 정자와 난자가 결합하여 형성된 수정란은 착상 후 3일째부터 모체에 호르몬을 보내 '내가 어머니와 연결되었다'는 신호를 하여 어머니의 월경을 중지시키는 것으로 알려졌다. 그리고 어머니의 가슴을 부풀려줄 것을 요구하고, 나중에 분만을 위해 골반을 연하게 만들라는 메시지를 보낸다.

이 때문에 수정란과 착상 단계를 거쳐 발생한 배아는 태아 성장 과정에서 인간과 똑같이 숨 쉬고 움직이고 말할 수 있는 존재임을 알려준다. 과학이 발달할수록 태아가 하나의 생

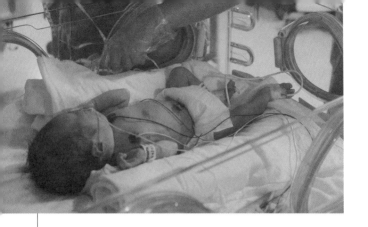

명체라는 사실은 더 분명하게 드러나고 있다. 따라서 착상 후 3일째부터 생명체로 보아야 한다는 것이다.

사실 태아를 언제부터 사람으로 인정할지는 두 가지 관점에서 매우 중요하다. 첫째는 살인 여부의 범죄 문제, 둘째는 재산 상속권 문제 때문이다. 먼저 범죄의 관점에서 살펴보자.

고대 로마법에서는 태아는 모체의 일부에 지나지 않는다고 생각하여 낙태를 처벌하지 않았다. 서기 200년경부터 유럽에서 비로소 낙태를 처벌하기 시작했는데, 당시 죄목은 남자의 자녀를 갖지 못하게 한다는 범죄로 분류했다. 태아 자체에 대해서는 관심이 없었던 것이다. 중세에 들어 교회법이나 독일 보통법에서 비로소 태아의 생명권 침해라는 이유로 낙태를 처벌하기 시작했다. 임신 후 10주 이내에 인간의 영혼이 태아 속에 들어간다는 영혼 입주설에 따라 10주가 지나 낙태를 하면 살인죄로 처벌했다.

현대사회에 들어서는 1967년까지 스웨덴과 덴마크를 제외하고 낙태는 불법이었다. 그 후 영국에서 낙태 허용법이 개정되었고, 이탈리아 · 에스파냐 · 프랑스 등 가톨릭 국가에서도 낙태를 자유화했다. 아일랜드는 1983년 헌법으로 낙태를 금지하면서 어머니와 아기에게 똑같은 생명권을 부여했으나 2013년 낙태법을 도입하여, 산모의 생명이 위험하거나 자살의 위험이 있을 경우 낙태를 허용하도록 했다.

미국에서는 1973년 대법원이 임신 6개월 이전에는 낙태할 권리가 있으나 "국가는 자궁 밖에서 살 수 있는 능력을 갖는 태아의 생명을 보호한다"고 판결하여 태아의 권리를 인정했다.

전통 가톨릭 신학에서는 엄마가 태동을 느꼈을 때를 태아가 영혼을 받는 순간이라고도 했다. 영혼이 바로 동물과 사람을 구별한다는 크리스트교 전통에 따른 구분이다. 그러나 태아가 어느 시점에 영혼을 받는다는 것은 검증되지 않은 믿음(일종의 미신)이기 때문에 오늘날 가톨릭 신학에서도 받아들여

지지 않고 있다. 엄마가 태동을 느끼기 훨씬 이전인, 즉 수정된 지 6주 만에 벌써 움직인다는 것이 증명되었기 때문이다.

우리나라는 형법으로 낙태와 관련한 법률을 규정하고 있다. 다음과 같은 경우를 제외하고 나머지는 모두 범죄로 형사 처벌된다. 태아의 법적 권리보다 더 포괄적으로 제한하고 있는 것이다.

● 본인 또는 배우자가 대통령령이 정하는 우생학적 또는 유전학적 정신장애나 신체 질환이 있는 경우

● 본인 또는 배우자가 대통령령이 정하는 전염성 질환이 있는 경우

● 강간 또는 준강간에 의하여 임신된 경우

● 법률상 혼인할 수 없는 혈족 또는 인척간에 임신된 경우

● 임신의 지속이 보건의학적 이유로 모체의 건강을 심히 해하고 있거나 해할 우려가 있는 경우

모자보건법에서 낙태를 허용하는 한계는 이러하다.

● 임신한 날로부터 28주일 이내에 있는 자에 한하여 할 수 있다. (28주면 태아가 거의 완성된 시기로 보아 이를 반대하는 의견이 많다. 현재 독일, 그리스 등 유럽 선진국 대부분의 나라는 임신중절을 12

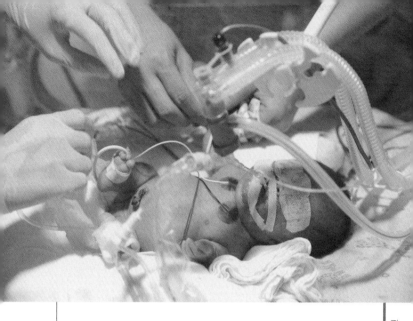

주 이내 태아까지만 허용하고 있다. 그 이후에는 산모와 태아 모두
의 목숨이 위험한 상황에만 중절이 가능하도록 규정하고 있다.)

   우리나라 법에서 임신중절수술을 할 수 있는 우생학적 또
는 유전학적 정신장애나 신체 질환은 다음과 같다.

   유전성 정신분열증, 유전성 조울증, 유전성 간질증, 유전
성 정신박약, 유전성 운동신경원 질환, 혈우병, 현저한 범죄
경향이 있는 유전성 정신장애, 기타 유전성 질환으로서 그
질환이 태아에 미치는 위험성이 현저한 질환. (앞서 나온 전염

성 질환이란 풍진, 수두, 간염, 후천성면역결핍증 및 전염병예방법 제2조 제1항의 전염병을 가리킨다.)

따라서 28주가 넘으면 어떤 경우에도 낙태를 해서는 안 된다는 것이다. 그러므로 이때부터 생명권을 존중받는다고 볼 수 있다. 다만 재산권에 대해서는 또 다른 해석이 있다. 민법 3조는 '사람은 생존한 동안 권리와 의무의 주체가 된다'고 규정하고 있다. '생존한 동안', 즉 출생한 때로부터 사망할 때까지 권리능력을 가지며 아직 출생하지 않은 태아와 사망한 사람은 권리능력이 없다는 뜻이다.

출생의 시기에 관한 학설은 진통설, 일부 노출설, 전부 노출설, 독립 호흡설 등 여러 가지 설이 있다. 형법에서는 진통설이 통설임에 반해 일반적으로 전부 노출설을 따른다. 태아가 모체로부터 전부 노출한 때를 출생으로 보는 것이다. 살아서 출생한 이상 잠시라도 살아 있었으면 성별, 출생 후의 생존 유무, 기형 여부, 인공 수정아 등 불문하고 모두 권리능력을 취득하게 되고, 사산인 경우는 권리능력을 가졌던 일이 없었던 것으로 간주한다.

출생 시기를 어느 때로 보느냐는 상속인을 결정하는 데 중요한 개념이다. 갑이 아내 을과 태아 병과 모친 정을 두고 사망한 경우, 전부 노출설에 따르면 병이 살아서 출생했으나 독립 호흡을 하지 못하고 사망해도 병은 갑이 사망했을 당시 이미 출생한 것으로 보아 갑의 재산은 을과 병이 공동상속한다. 그러나 독립 호흡설에 따르면 병은 출생한 것이 아니므로 갑의 재산은 을과 정이 공동상속하게 된다.

출생 여부와 출생 시기는 호적부에 기재된 사실로 증명할 수 있으며 그 내용은 진실에 부합하는 것으로 인정한다. 따라서 호적부의 기재 사실에 반하는 증거가 나오면 이 인정은 효력을 잃는다. 즉 호적부의 기재로 권리능력을 취득하는 것이 아니라 출생이라는 실제 사실에 의해 실체적으로 권리능력을 취득한다.

권리능력은 출생을 통해 취득한다는 원칙을 고집한다면 태아는 아직 권리능력이 인정되지 않는다. 즉 사람으로 인정받지 못하는 것이다. 그렇다고 태아가 전부 노출되기 전이라도 보호받을 가치가 없는 것은 아니므로 일정한 경우에는 태아에게도 권리능력을 인정하여 그 이익을 보호하는 경우가 있다.

우리나라 민법은 개별적 보호주의에 입각하여 태아가 살아서 출생하는 것을 전제로 권리능력을 인정한다. 다만 민법

762조는 '태아는 손해배상 청구에 관하여 이미 출생한 것으로 본다'고 규정하여, 불법행위에 따른 손해배상청구권에 관하여 태아의 권리능력을 인정하고 있다. 그런데 채무불이행 책임을 묻기 위해서는 태아가 계약관계에서 채권자가 되어야 하는데, 태아는 계약 당사자가 될 수 없으므로 채무불이행에 따른 손해배상청구권은 제외된다.

762조의 '태아의 손해배상청구권'은, 태아 자신이 불법행위에 의한 직접적인 피해자인 경우에 한해 권리능력을 인정한다. 따라서 태아 부모의 생명 침해로 인한 부양 상실 및 정신적 고통 등 재산적·정신적 손해가 생겼을 때 손해배상이 인정되며, 모체에 불법 약물을 투여하여 기형아로 태어난 경우에도 자신이 입은 손해에 대한 손해배상청구권 등은 고유한 손해배상청구권으로 인정한다.

대법원판례 1968.3.5, 67다2869 : 임신 중의 어머니가 교통사고에 의하여 불법행위를 당하고 이 충격 때문에 그 아이가 미숙아로서 정상기보다 조산이 되었고, 또 이것 때문에 제대로 성장하지 못하고 사망하였다면, 이 불법행위는 한편으로 산모에 대한 불법행위인 동시에 한편으로는 태아 자신에 대한 불법행위라고 볼 수 있는 것이다. 따라서 이 아이는 그 생명 침해로 인한 재산상 손해를 청구할 수 있다고 보아야 된다.

학설상 임신 전 단계에서 어머니에 대한 약물 투여로 입은 손해에 대해 출산 후 손해배상을 청구할 수 있는가가 문제되는데, 독일 연방대법원은 임신 전 병원의 과실로 매독균이 있는 피를 수혈한 후 태아가 매독균을 보유한 채로 출산한 사안에서 태아에게 손해배상청구권을 인정했다.

민법은 태아를 이미 출생한 것으로 보아 권리능력을 인정하고 있다. 남편의 정자와 아내의 난자를 체외수정(시험관수정)하여 모체에 착상시킨 상태에서 남편이 사망했다면 그 태아의 권리능력을 인정한다. 다만 아직 모체에 착상시키기 전에 남편이 사망하고 그 뒤에 착상이 이루어져 출생했다면, 이러한 수정란을 태아로 보아 권리능력을 인정할 수 있는지 문제가 아직 남아 있다.

대법원판례 1981.2.9, 81다534 : 태아에게는 일반적으로 권리능력이 인정되지 아니하고 손해배상청구권 또는 상속 등 특별한 경우에 한하여 제한된 권리능력을 인정하였을 따름이므로 증여에 관하여는 태아의 수증 능력이 인정되지 아니하였고, 또 태아인 동안에는 법정대리인이 있을 수 없으므로 법정대리인에 의한 수증 행위도 할 수 없다.

민법은 태아에게 예외적이고 제한적으로 권리능력을 인정하면서 '이미 출생한 것으로 본다'고 규정하고 있는데, 그 태아가 출생하기 전까지 법률상의 지위에 관해 법적 구성을 어떻게 할 것인지는 정립되지 않았다.

2010년 5월 27일 헌법재판소는 수정된 배아를 불임이나 질병 치료 연구에 이용하고 수정 뒤 5년이 지나면 폐기하도록 한 '생명윤리 및 안전에 관한 법률'의 조항(제16조 1 · 2항)은 "인간의 생명권을 침해하지 않는다"며 재판관 9명 전원 일치로 합헌 결정을 내렸다.

남 아무개 씨 부부는 2004년 12월 부산의 한 병원에서 인공수정으로 배아 개체 3개를 얻었다. 이 가운데 하나가 부인의 몸에 착상됐고, 나머지 2개는 임신에 실패하면 추가 착상에 사용되거나 생명공학 연구에 쓰일 예정이었다.

남씨 부부와 윤리학자, 철학자, 의사 등 11명은 "인공수정 배아를 인간이 아닌 세포 덩어리로 규정해 연구 도구로 취급하고, 보존 기간이 지나면 폐기하도록 한 생명윤리법은 기본권인 생명권을 침해하는 것"이라며 이듬해 헌법소원을 냈다. 냉동 보관 중이던 배아 2개체도 '인간 자격'으로 청구인단에 포함됐다.

그러나 헌법재판소는 "출생 전 태아의 기본권은 인정되지만 수정 뒤 '원시선'이 나타나기 전 초기배아는 인간으로 볼 수 없다"고 판단했다. 원시선은 수정 뒤 14일쯤 지난 배아에서 나타나며 나중에 척추를 형성한다.

헌법재판소는 배아의 '유전적 부모'인 남씨 부부의 청구 자격만 일부 인정한 뒤 "임신 성공률을 높이려고 한 번에 여러 개의 배아를 생성하기 때문에 잔여 배아가 다수 생성되는 것은 불가피하다"면서도 "냉동 배아가 증가하면 사회적 비용이나 관리 소홀 문제가 생길 수 있다"며 5년 뒤 폐기 의무도 정당하다고 판단했다.

신생아로
규정할 수 있는
기간은

신생아는 출생 후부터 4주차까지의 아이를 말한다. 영아(嬰兒)는 태어난 지 4주 이후부터 만 1세까지이다. 유아는 만 1세부터 만 6세 미만의 취학 전 어린이(영유아보육법 제2조 1항 : 영유아란 6세 미만의 취학 전 아동을 말한다), 아동은 만 6세 이상부터 만 12세 미만 어린이(교육법)를 말한다.

때에 따라 36개월 이상을 아동으로 보기도 한다. 아동복지법에서는 18세 미만을 아동이라고 하며, 민법에서는 20세 미만을 미성년이라고 하며, 소년법에서는 12~20세 미만을 소년이라고 하고, 근로기준법에서는 13세 미만을 소년이라고 한다.

따라서 영아 사망률은 만 1세 미만 어린이의 사망률을 가리킨다. 영아 사망은 두 가지로 분류하는데, 신생아 사망이라고 할 때는 태어난 지 27일 이내 사망, 후신생아 사망은 28일 이후 사망으로 구분한다.

어린이,
청소년, 어른,
노인은 어떻게
구분하나

몇 살부터 청소년이라고 하며, 몇 살까지 청소년일까?

이에 대한 답은 법률이나 조례 등으로 정해져 있다. 하지만 법률마다 다르고 조례마다 다르기 때문에 이 말로 인한 불이익을 당하지 않으려면 해당 시군구의 조례도 꼭 살펴야 한다. 물론 사전에는 청년과 소년을 아우르는 말이라고 나와 있지만 현실은 매우 복잡하다.

● 청소년보호법 제2조 1호

청소년이라 함은 만 19세 미만의 자를 말한다. 다만, 만 19세에 도달하는 해의 1월 1일을 맞이한 자를 제외한다.

● 청소년기본법

청소년이라 함은 9세 이상 24세 이하의 자를 말한다.

● 인천광역시 시립체육시설 관리 운영 조례

10. '어린이'라 함은 초등학교 학생과 7세 이상 12세 이하의 자를 말한다. (개정 2000년 7월 22일)

● 거제시 자치법규, 김포시청 자치법규

'청소년'이라 함은 13세 이상 19세 미만인 자와 학생증을 소지한 중·고등학생을 말한다.

이처럼 모든 용어는 법규나 법률, 조례 등에 규정되어 있는 경우가 많다. 예를 들어 인천 법규에, 군인이라 함은 병역법에 의하여 복무 중인 군인으로 정복을 착용한 하사 이하 군인과 전투경찰, 의무경찰, 교정시설 경비교도대를 말한다. 따라서 하사관이나 위관, 영관급 장교는 군인이 아니다. 물론 하사관, 장교, 장성 등 부르는 말을 구분하기 위해 만든 용어이지만 실제 언어생활에서는 이렇게 혼란스럽다. 그래서 어른은 19세 이상 64세 이하의 자를 말한다는 규정이 가장 많고, 18세 이상이나 20세 이상으로 규정한 곳도 있다.

노인은 경우는 65세 이상으로 통일되어 있다. 그러므로 일반적으로 노인을 부를 때 사용하는 할아버지, 할머니라는 용어도 65세 이상의 노인에게만 붙여야 할 호칭인 셈이다. 그런데 65세 이상 노인들을 대상으로 설문한 결과는 70세 이상을 노인으로 봐야 한다는 의견이 훨씬 많다.

우리나라에서 65세 이상을 노인으로 정한 것은 1889년 독일의 재상 비스마르크가 노령연금을 도입하며 수급 연령을 65세로 책정한 것을 기준으로 했기 때문이다. 당시 독일인 평균 수명은 49세였지만 한국인의 2010년 평균 기대 수명은 80.7세다.

몇 살이 되면
결혼할 수 있을까,
결혼하면 성인이
되는 걸까

결혼은 시대마다 민감한 문제가 되어왔다. 결혼 연령은 늦어지기도 하고 빨라지기도 한다. 조선시대에는 열 살 무렵에 결혼하는 일이 아주 흔했다. 일제강점기 무렵만 해도 이런 일이 비일비재했다. 몽골이나 청나라가 공녀를 요구할 때 딸을 빼앗기지 않으려고 서둘러 결혼을 시키곤 했는데, 이러한 풍습이 전해 내려온 것으로 보인다.

2006년까지 우리나라에서는 여자 만 16세, 남자 만 18세면 민법상 결혼이 가능했으나 2007년부터 남녀 모두 만 18세가 돼야 법률적 결혼이 가능한 것으로 개정했다. [민법 제807조(혼인 적령) 만 18세가 된 사람은 혼인할 수 있다.(전문 개정 2007년 12월 21일)]

2004년 통계를 보면 우리나라에서 16세에 결혼한 여성은 230명, 17세에 결혼한 여성은 715명이나 된다. 2005년에는 16세 여성 205명, 17세 여성 694명이다.

다른 나라는 어떨까?

독일, 프랑스 등 유럽 6개국 : 18세

미국, 영국 : 16세

중국 : 남자 22세, 여성 20세(산아제한 때문이다)

일본 : 남자 18세, 여자 16세

북한 : 남자 18세, 여자 17세

우리나라에서 민법이 허용한 18세에 결혼을 하면 같은 민법이 규정한 성인 20세와 충돌한다. 결혼하면 성인이 되는 건지, 아니면 결혼해도 2년 더 기다려야 하는지 문제가 생긴다. 이에 대해 민법은 법률적으로 결혼을 하면 일단 성인으로 간주한다. 민법에서는 성인이 되는 것이다. 하지만 결혼한 사람이라도 20세가 되기 전에 술이나 담배를 살 수 없다. 또 19세 금지 영화도 볼 수가 없다

노총각,
노처녀의
기준은 몇 살

조선시대에는 열 살 무렵에 결혼하는 사례가 많았기 때문에 20세가 넘도록 결혼하지 못한 남성과 여성은 노총각, 노처녀 소리를 들어야 했다.

그렇다면 현대사회에서 노총각과 노처녀의 기준은 몇 살로 보아야 할까?

연합뉴스 2008년 3월 27일자 기사에 따르면, 여성 포털 이지데이의 여론 조사 결과를 인용한 결과 노총각은 36세부터, 노처녀는 33세부터였다. 이 결과는 2012년에 결혼정보회사 바로연이 발표한 조사 값과도 같다. 이러한 인식은 시대별로 달라질 수 있다.

《헤럴드경제》 2016년 4월 8일자 기사에 따르면, 가연결혼정보가 창사 10주년을 맞아 모바일 전문 기업인 오픈서베이에 의뢰한 여론 조사 결과를 인용한 답이 있다. 노총각은 37.7세부터, 노처녀는 35.5세부터라는 것이다. 이처럼 노총각과 노처녀의 연령은 해마다 조금씩 늘어나고 있는 추세다.

이런 의식에도 불구하고 30세가 넘으면 일단 노총각, 노처녀라고 하는 경우가 많다. 다만 법률적으로 규정하는 바가

없으므로 시대별 결혼 풍습에 따라 차이가 커지게 된다. 그
런데 결혼을 하지 못한 경우에만 노총각, 노처녀지 결혼을
하지 않는 사람은 독신이라고 부른다.

몇 살부터
'옹'이라고
칭할까

나이가 많은 남자 노인(어르신)을 옹翁으로 칭하는 경우가 있다. 함석헌 옹, 김남수 옹, 박동진 옹 등으로 쓰인다. 정조 이산은 1798년 12월 3일부터 '만천명월주인옹萬川明月主人翁'이란 호를 인장에 새겨 봉인으로 사용했다고 한다. 그때 정조의 나이는 불과 47세였다. 함석헌은 나이 쉰 살에 이미 옹 호칭으로 불렸다고 한다.

옹 호칭을 몇 살부터 쓸 수 있는지는 노인이란 어휘와 같이 따져볼 필요가 있다. 현행법으로 볼 때 노인은 만 65세다. 하지만 60세 이상 남녀를 대상으로 조사한 바에 따르면, 70세가 돼야 노인이라고 생각한다는 답변이 가장 많았다고 한다. 이런 관례로 미루어보면 결례를 범하지 않으려면 만 70세 이상 남성 노인에게 이 호칭을 붙여야 할 듯싶다.

'부산 해운대에 피서 인파 100만 명이 모였다', '동해안에 60만 명이 모였다', 여름철이 돌아오면 이런 식의 기사를 자주 접한다. 그렇다면 해수욕장 인파는 어떻게 헤아릴까? 설마 하나하나 세지는 못할 것이다.

그렇다. 해수욕장 인파는 시간대별 표본조사를 통해 계산한다. 예를 들어 부산 해운대 해수욕장의 면적은 물속 유영 공간과 백사장, 도로, 탈의장, 상가, 지하 수족관 아쿠아리움 등 관광객과 피서객들이 운집한 공간을 포함해 총 3만 2000여 평(약 10만 6000제곱미터)이다. 이 가운데 백사장이 1만 7000

평, 수영할 수 있는 바다 면적이 1만 2000여 평, 나머지 부대
시설 3000여 평이다.

이런 기본 자료를 갖고 계산해보자.

피서객들의 왕래가 가장 번한 오전 10시, 낮 12시, 오후 2
시와 4시 등 하루 4회 평당 평균 인원을 계산한다. 백사장의
경우 인구가 가장 밀집한 2~3곳을 표본조사하고, 밀도가 가
장 낮은 2~3곳을 조사해 평균을 낸다. 나머지 물놀이장과 도
로, 탈의장 등도 같은 방법으로 표본조사를 한다. 이렇게 계
산을 하면 되는 것이다. 다른 해수욕장도 마찬가지다.

프랑스에서는 친구를 코팡copain 이라고 하는데 '빵을 나누어 먹는 사이' 라는 뜻이다. 동료는 카마라드 camarade라고 하는데 '방을 같이 쓰 는 사이' 라는 뜻이다.

우리나라에서 친구란 대개 어린 시절을 같이 보낸 고향 친 구를 뜻하며, 나아가 초중고를 함께 다녔을 때에도 쓰는 경 우가 많다. 원래 동무라고 쓰였으나 1945년 이후 북한에서 정치적으로 쓰기 시작하면서 남한에서는 이 말이 사라졌다. 그 밖에는 그냥 친구라고 하지 않고 대학 친구, 사회 친구, 군대 친구 등 사귄 곳을 밝히는 게 보통이다.

경작지를
얼마나 가져야
농민이라고
하나

농사짓는 사람을 가리켜 농민이라고 한다. 하지만 텃밭을 가지고 있다고 농민이라고 할 수는 없다. 또한 농지를 많이 갖고 있지만 외지에 나가 실제 농사를 짓지 않는 경우도 농민이라고 할 수 없는 상황이 생긴다. 그래서 농지법 시행령 제3조에 농민의 자격 조건을 명시하고 있다. 이 자격 조건에 맞을 때 정부 지원도 받을 수 있고, 건강보험료 보조도 받을 수 있다.

●제3조 (농업인의 범위) 법 제2조 제2호에서 '대통령령이 정하는 자'라 함은 다음 각호의 1에 해당하는 자를 말한다. (개정 1996년 8월 8일, 2002년 3월 30일)

1. 1000제곱미터(약 300평) 이상의 농지에서 농작물 또는 다년성 식물을 경작 또는 재배하거나 1년 중 90일 이상 농업에 종사하는 자

2. 농지에 330제곱미터 이상의 고정식 온실, 버섯 재배사, 비닐하우스, 기타 농림부령이 정하는 농업 생산에 필요한 시설을 설치하여 농작물 또는 다년성 식물을 경작 또는 재배하는 자

3. 대가축 2두, 중가축 10두, 소가축 100두, 가금 1000수 또는 꿀
   벌 10군 이상을 사육하거나 1년 중 120일 이상 축산업에 종사
   하는 자

4. 농업경영을 통한 농산물의 연간 판매액이 120만 원 이상인 자
   (2009년 기준 100만 원에서 20만 원 올랐다.)

2015년 12월 1일 현재 이 기준을 충족하는 농업 종사 인구
는 256만 9000명이다. 1970년에는 1400만 명에 이르렀었다.

농업 종사 인구 조사는 5년다 이뤄지는데 그때마다 농업
인구는 급속도로 줄어드는 추세를 보였다. 2010년 조사 때보
다 46만 4000명이 줄어들었다.

법률적으로는 땅이나 시설의 법적 소유 기준 때문에 한 가
구 당 농민은 대개 한 명씩만 있게 된다.

우리나라에서 키다리와 뚱보, 난쟁이와 유사한 개념을 규정한 것으로 병역법이 있었다. 입영 불가 판정을 받는 키다리는 196센티미터, 역시 입영 불가 판정을 받는 몸무게는 13킬로그램이었다. 하지만 신세대의 영양 상태가 좋아지면서 196센티미터를 넘는 장정이 늘고 비만 장정이 늘면서 1999년 1월 이 규정 자체가 폐기되었다.

다만 그 아래 기준은 여전히 유효하다.

징병검사에서 158센티미터 이하의 경우 4급 보충역, 141~145센티미터의 경우 5급 제2국민역으로 분류되어 민방위에 편성되며, 140센티미터 이하의 경우에는 완전 면제된다. 즉, 키가 145센티미터 이하인 남성은 군복무가 면제된다.

왜소증이란 개념을 볼 때 남성은 병역 기준과 같은 145센티미터이고, 여성은 140센티미터 이하의 경우를 가리킨다. (난쟁이라는 어휘의 대체 언어는 의학적으로는 왜소증, 연골무형성증이 있으나 일반적으로 그러한 사람을 가리키는 말은 아직 없다.)

다만 의학적인 기준에서는 더 내려간다. 연골무형성증을 규정하는 키는 남성 131센티미터, 여성 124센티미터이기 때문이다.

체중이 많이 나간다고 해서 비만이라고 하지는 않는다. '체중이 많이 나간다'는 정의도 변수에 따라 크게 달라진다. 운동선수들을 예로 들면, 표준 체중보다 많이 나가지만 비만이라고 할 수 없는 경우가 많다. 지방은 적고 상대적으로 근육은 많기 때문이다.

비만이란 체내에 지방질이 정상보다 많이 축적되어 있는 상태를 말한다. 그러므로 근육이나 골격이 많아서 과체중인 사람은 비만으로 분류하지 않는다.

지방의 총 무게가 남성은 자기 체중의 25퍼센트 이상, 여성은 30퍼센트 이상이면 비만의 시작으로 본다. 그러므로 몸무게는 정상이지만 운동을 너무 하지 않아서 상대적으로 근육 양이 적은 사람은 지방 비율이 체중의 25퍼센트나 30퍼센트를 넘을 수도 있다. 이런 경우는 마른 비만이라고 부른다.

이를 더욱 수치화한 기준이 있다. WHO(아시아 태평양 지역)와 대한비만학회에서 과체중 기준을 체질량지수 23 이상, 비만 기준을 체질량지수 25 이상으로 정의했다. 이런 판단을 한 이유는 비만 관련 질환이 체질량지수 23~27 사이에서 급

격히 증가하기 시작하고, 아시아 여러 나라의 비만 기준이 각기 달라 혼란을 초래할 수 있기 때문이다. 하지만 이 비만 기준은 아직 그 설정 근거인 연구 자료가 부족하여 앞으로 얼마든지 바뀔 수 있으므로 앞으로 추가 연구를 통해 지속적으로 재평가할 필요가 있다.

체질량지수와 표준 체중을 구하는 공식은 다음과 같다.

체질량지수(kg/m^2) = 체중(kg)/키의 제곱(m^2)

표준 체중 = $(키 - 100) \times 0.9$

이 기준에 따라 마름과 비만을 구분하지만 절대적인 기준은 아니며, 나이와 성별에 따라서도 약간씩 차이가 생긴다. 보통은 그 나이에 해당하는 지방의 비율보다 5퍼센트 이상 초과한 상태를 비만으로 본다. 체지방률은 나이가 들면서 계속 높아지다가 노년기에 접어들면 다시 낮아지는 경향을 보인다.

젊은 남자는 체지방률이 일반적으로 15퍼센트 정도이므로 20퍼센트를 초과한다면 비만이라고 볼 수 있다. 반면 중년 남성의 경우 평균 체지방률이 25퍼센트 정도이므로 30퍼센트를 넘는다면 비만으로 본다. 17~30세 사이의 젊은 여성은 체지방률이 25퍼센트를 넘으면 비만이며, 31~50세 사이의 여성은 30퍼센트가 넘으면 비만이라고 한다.

통계청은 2013년 기준 우리나라 국민의 비만율은 32.5퍼센트에 이른다고 발표했다. 이 조사는 체질량지수 기준으로 한 것이다.

남성 비만율은 35.6퍼센트를 보였으며, 여성은 26.5퍼센트다. 남성 비만율이 여성보다 9.1퍼센트 높은 것으로 조사됐다.

최근 10년 동안의 비만율 통계를 살펴보면 1998년에 25.8퍼센트였으며, 2005년에는 31.4퍼센트, 2010년에는 31.4퍼센트였다.(이상 국민건강영양조사 자료)

한편 국립암센터는 비만을 암을 일으킬 수 있는 매우 중대한 질병으로 보고, 해마다 정밀 조사를 실시하여 그 값을 매우 자세하게 발표하고 있다.

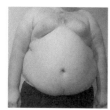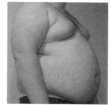

스포츠 중계를 보다 보면 아무개가 팀의 '에이스'라는 식의 표현을 자주 들을 수 있다. 에이스는 어디서 유래한 단어일까.

미국 최초의 프로야구팀 신시내티 레드스타킹스(지금의 신시내티 레즈)에 에이사 브레이나드 Asa Brainard라는 전설적인 투수가 있었다. 그는 1869년 한 해에 57게임에 출전해 무려 56승 1무라는 대기록을 세웠다. 이때 팀의 투수는 에이사 한 명이었다고 한다.

이후 각 팀의 주축 투수를 '에이사'라고 부르면서 오늘날 '에이스'의 어원이 됐다고 한다. 현재는 보통 4~5년간 한 팀에서 꾸준한 성적을 올리는 투수를 에이스라고 부른다.

에이스는 또 테니스에서 서비스로 얻은 1점, 배드민턴에서 시합의 채점 단위이며, 적기敵機를 5대 이상 격추한 공군 조종사를 가리키는 말이기도 하다.

제5장 스포츠 관련

아무것도 안 먹어야만 기아 상태라고 할 수 있는 걸까. 그렇지 않다. 먹어도 기아라고 할 수 있다. 전 세계 기아 인구는 2009년 현재 10억 명이고, 기아와 영양실조로 1분에 23명의 어린이가 죽고, 매년 4000만~6000만 명이 죽는다고 한다. 2015년에는 기아 인구가 7억 9500만 명으로 약간 줄었다. 다만 세계 인구 증가에 비하면 감소율은 더 큰 편이다.

2015년 유엔식량농업기구와 국제농업개발기금, 세계식량계획이 공동 발표한 보고서에 따르면 남아시아 기아 인구는

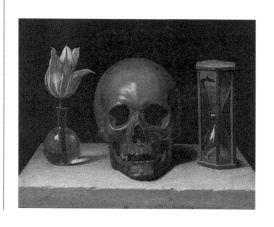

15.7퍼센트, 중남미는 5.5퍼센트로 줄었으나 아프리카 기아 율은 23.2퍼센트로 변화를 보이지 않고 있다. 개별 국가로는 아이티가 53.4퍼센트, 북한이 41.6퍼센트다.

그렇다면 이 기아 인구는 얼마나 먹고 있을까?

하루 1800칼로리 이하로 섭취하는 사람을 기아, 즉 굶는 사람으로 분류한다. 기아의 기준인 1800칼로리는 일반인들의 다이어트 기준 최소 열량이기도 하며, 성인이 건강을 위해 소식을 할 때 최하 섭취 기준으로 삼는 목표이기도 하다. 그러므로 기아로 죽는 사람들은 1800칼로리를 섭취하지 못하는 것이다. 일반 성인에게 권장하는 하루 열량은 2000칼로리에서 2500칼로리다.

죽음이란
무엇인가

죽음에 대한 전통적 정의에 따르면 '심장 및 호흡 기능과 뇌 반사의 영구적인 소실'을 죽음이라 한다. 호흡운동과 심장박동이 멈추고 뇌 반사가 소실된 것이 불가역적일 때 죽음을 판단하고 다시 24시간을 기다려야 법적으로 죽었다고 판정할 수 있는 것이다.

여기서 '24시간'의 기점이 되는 시각은 입원 환자의 경우 담당 의사의 사망진단 시각이지만, 퇴원 후 48시간이 지났거나 그 밖의 경우는 의사의 시체 검안이 이루어진 시각부터다.

따라서 법률적으로 사망진단 후 24시간이 지나야 사망이 확정되어 사망진단서를 발급받을 수 있기 때문에 사망진단 후 24시간 이내에는 매장이나 화장도 할 수 없다. 사산한 유아도 마찬가지다. 살아날 가능성이 있기 때문이다. 다만 7개월이 되기 전에 출산한 아기나 법정전염병으로 사망했다면 24시간 전이라도 매장이나 화장을 할 수 있다.

이것은 마치 고대 중국의 상나라 때 개념과 비슷한 면이 있다. 상나라 사람들은 누군가 죽더라도 그가 태어난 날(십간 기준으로)이 아니면 죽은 게 아니라고 생각했다. 즉 갑일에 태어난 사람이 을일에 죽으면 9일간은 사死 상태로 있고, 갑일이 되어야만 망亡이 되어 비로소 죽은 것으로 여겼다.

티베트에서는 죽음을 확인한 뒤라도 12시간을 그 상태 그대로 내버려둔다. 혼이 빠져나오는 시간을 12시간 정도로 보기 때문이다. 사후 12시간까지는 영혼이 빠져나오지 않은 것으로 보아 죽음을 인정하지 않는 것이다. 불교계에서는 이러한 관례에 따라 일정 시간 동안 시신을 건드리지 않는 풍습이 있다.

한편 현대의학은 장기 기증 요건을 마련해두고 있다. 즉 호흡이 끊겨져도 두뇌 기능이 살아 있는 시간은 90분까지만 인정된다. 즉, 장기 기증 요건은 심장사 후 90분 이내만 가능한 것이다. 이에 대한 윤리적 논란은 계속되고 있다. 심장사 이후에도 환자가 메스에 반응한다는 보고가 있어 마취제를 써야 한다는 주장이 있다.

이처럼 죽음의 현대적 정의에서도 사망 진단 후 일정 시간이 지나야만 확정이 되는 것이다.

이러고도 죽음에 따른 매우 복잡한 문제가 있다. 심장, 호흡, 두뇌의 기능 정지를 죽음이라고 정의한다면 심장을 기증

하여 그 심장이 다른 사람의 체내에 살아 있을 때는 죽음을 어떻게 판정해야 하는가 하는 철학적, 윤리적, 과학적 문제가 남는다. 아직 기술이 발달하지 않아 문제가 된 예는 없지만 두뇌 역시 머지않은 미래에 그럴 개연성이 있다. 그리고 누군가 종교적 관점에서 영혼이 빠져나간 것을 죽음이라고 주장한다면 이를 어떻게 받아들일 것인가.

또한 죽음에 대한 이러한 정의는 인간에게 적용하는 것이어서 생물 전반에 대해 따지기 시작하면 매우 복잡해진다. 만일 개나리를 조각조각 내어 꺾꽂이로 증식했을 때 본 나무는 죽은 것인가 산 것인가, 아메바 등의 세포가 갈라져 2개체 이상으로 분열하는 것이 죽음인가 성장인가 하는 문제가 생긴다. 그러므로 죽음에 대한 정의는 인간에 국한하여 생각할 수밖에 없다. 자연 상태에서는 죽음이 곧 성장인 경우가 많고, 그 유형도 다양하여 죽음의 판별이 매우 복잡해진다.

인정사망 : 한국의 호적법에 따르면 수재, 화재, 기타 사변으로 사망한 자가 있으면 이를 조사한 관공서는 지체 없이 사망지의 시읍면장에게 사망 보고를 해야 하며(90조), 이 보고에 의하여 호적에 사망 기재를 하게 된다(17조).

즉, 관공서의 보고에 의하여 시체의 확인도 없이 사망한 것으로 다루어질 수 있는 것이다. 사변은 사망했다는 증거는 없으나 사망 확률이 매우 높고 생존을 예측할 수 없는 사고를 말하며, 수재와 화재는 전쟁 · 해난海難 · 홍수 · 사태 · 탄광 폭발 등을 가리킨다.

인정사망 제도가 있는 것은 실종선고 절차가 번잡하고 불편하기 때문에 이를 간소화하기 위해서다. 프랑스와 스위스 민법 등은 인정사망을 명문으로 규정하고 있으나, 한국 민법에는 규정이 없다.

동시사망 : 사망 시기는 상속에 중대한 영향을 주기 때문에 생긴 법률 용어다. 만일 동시사망을 부정하고 한쪽이 먼저 사망했다고 주장하려면 재판부가 인정할 만한 확실한 증거

를 제출해야만 가능하다. 그 사례를 살펴보자.

●시부모, 남편, 고등학생인 아들과 함께 살던 주부입니다. 한 달 전 남편과 아들이 자동차로 여행 도중 반대 차선에서 오던 승용차 운전자의 과실로 전복되어 둘 다 사망했습니다. 남편이 남긴 집은 시아버지께서 사주신 것입니다. 남편과 아들 몫으로 지급되는 교통사고 배상금과 집의 상속권은 누구에게 있습니까?

●민법에서는 '2인 이상이 동일한 위난으로 사망한 경우 동시에 사망한 것으로 추정한다'고 규정하고 있습니다(민법 30조). 따라서 귀하의 남편과 아들은 동시에 사망한 것으로 추정합니다.

교통사고 배상금 중 아들에게 지급되는 배상금은 아들이 미혼이고 직계비속이 없으므로 2순위 상속권자인 직계존속 중 최근친인 귀하가 단독상속하게 됩니다.

다만 남편에 대한 교통사고 배상금은 아들이 남편과 동시 사망한 것으로 간주되므로 역시 2순위 상속권자인 시부모와 귀하가 공동상속합니다. 이때 상속분은 귀하가 1.5, 시아버지 1, 시어머니 1의 비율입니다.

시아버지가 남편에게 사준 집 역시 시부모와 귀하가 공동 상속하며 상속분은 귀하가 1.5이고 시아버지 1, 시어머니 1의 비율입니다.

실종선고 : 어떤 사람의 생사불명 상태가 계속되어 사망했으리라는 추측이 강할 때 그를 사망한 것으로 추정하여 그의 신분이나 재산 관계를 확정하는 제도다.

실종선고는 종래의 주소 또는 거소를 떠난 자, 즉 부재자의 생사가 보통 5년이 지난 경우(보통실종이라고 한다), 전쟁·선박 침몰·항공기 사고 등 특별한 위난을 당한 자에 대하여는 1년간 계속하여 불명인 경우(특별실종이라고 한다) 이해관계인이나 검사의 청구에 의하여 법원이 선고한다.

그러므로 보통실종은 5년이 경과해야 인정되고, 특별실종은 1년이 지나야 인정된다. 실종선고가 되면 사망과 같은 법적 효력을 지닌다.

뇌사 : 뇌가 완전히 파괴되어 다른 장기의 모든 기능의 중지가 절박하고 불가피한 상태를 말한다.

뇌사의 원인은 교통사고나 그 밖의 사고로 뇌에 좌상을 입고 뇌가 파괴된 경우, 심한 타박상으로 뇌혈관이 터져서 다량의 내출혈이 생긴 경우, 가스중독으로 오랜 시간 뇌에 산소 공급이 중단된 경우, 기타 등이다. 이때 인간의 두뇌는 회복 불가능한 뇌사 상태에 이르지만 현대 의학은 이러한 상태에서도 인공적으로 호흡과 혈액순환을 상당 기간 유지시킬 수 있다.

과거에는 심장박동이 멎고 자발적인 호흡이 정지하면 뇌도 곧바로 죽었으므로 맥박과 호흡의 정지를 죽었다고 판단하는 전통적인 기준으로 여겼다. 그러나 현재는 비록 두뇌의 기능이 불가역적인 정지에 이르렀더라고 생명 유지 장치에 의해서라도 호흡이 가능하고 심장박동이 지속된다면 사망한 것으로 보지 않는다. 장기 기증은 이러한 뇌사자를 중심으로 이루어지고 있다. 하지만 뇌사를 사망으로 보느냐, 그렇지 않으냐는 여전히 뜨거운 논란의 대상이다.

1971년 핀란드의 국민보건국이 '시체 조직의 적출에 관한 훈령'을 공포함으로써 최초로 뇌사를 인정한 이래 2008년 기준 뇌사를 법적으로 인정하는 나라는 우리나라를 포함하여 핀란드, 미국, 프랑스, 영국, 일본, 대만, 스페인 등 55여 개국에 이른다. 가톨릭에서도 뇌사를 죽음으로 인정한다.

장기 기증 : 뇌사자의 장기 기증이 절차에 따라 이루어지

면 의사들이 1차 사망진단을 내리고, 그 뒤 6시간을 기다렸다가 2차 사망진단을 내린다. 이때 산소호흡기 등 생명 유지 장치를 제거한다.

드물지만 뇌사자의 장기를 이식하는 과정에 뇌파가 검출되는 경우가 있다. 이 때문에 뇌사자의 장기 적출 때 마취 없이 수술하는 게 윤리적으로 정당한지 이의를 제기하는 의사들이 있다. 장기 적출 중 혈압이 올라가고, 메스에 반응하고, 심장박동수가 증가하는 등의 반사작용이 관찰된다는 것이다. 게다가 뇌사 판정 이후에도 자가 호흡으로 살아나는 환자가 보고되면서 의학계는 죽음의 정의에 대해 혼란을 겪고 있다.

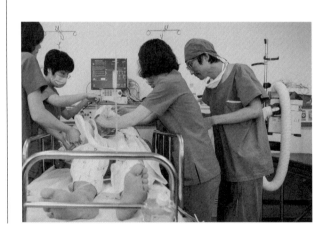

사死 : 죽은 직후부터 장례를 치르기 전까지를 말한다. 이때는 죽은 이를 사자死者라고 한다. 일반 사람에게 쓰는 말이다.

망亡 : 장례를 치른 이후는 망亡이라고 한다. 이때는 죽은 이를 망자亡者라고 한다. 일반 사람에게 쓰는 말이다.

졸卒 : 대부大夫의 죽음이다.

붕崩 : 황제의 죽음이다.

훙薨 : 제후의 죽음이다.

불록不祿 : 선비의 죽음이다. 조정에서 주는 녹봉이 끊어졌다는 뜻이다.

사망死亡 : 생물학적인 죽음을 가리키며, 모든 죽음은 법률적으로 사망이라고 한다. 경찰과 검찰에서 다루는 법률적인 용어로 자살, 타살, 피살, 교살, 익사, 질식사 등이 있지만 결국 사망이란 어휘로 귀결된다.

서거逝去 : 국장·국민장에 관한 법률에는 '사회에 현저한 공훈을 남김으로써 국민의 추앙을 받는 사람의 죽음'이라고 규정한다. 우리나라에서는 전·현직 대통령, 김구 선생 같은

분의 사망을 서거라고 표현한다. 서거라는 명칭을 쓸 것인지는 사회적 동의가 있어야 하며, 일단 서거라는 명칭이 부여되면 장례는 국장이나 국민장으로 치러진다. 반대로 말하면 국장이나 국민장이 아니면 서거라는 명칭을 쓸 수 없다. 이를테면 김일성의 죽음은 사망이라고 하지 서거라고 하지 않는다. 노무현 대통령 서거, 김구 선생 서거.

유고有故 : 위 서거에 준하는 인물이 현직에 있으면서 비공식으로 죽었을 때 유고라고 한다. 그랬다가 공식 확인이 되어 장례 절차에 들어가면 법률 절차를 거쳐 서거라고 한다.

선종善終 : 가톨릭에서 사제의 죽음을 선종이라고 한다. 김수환 추기경 선종.

입적入寂 : 불교에서 승려의 죽음을 입적이라고 한다. 이와 함께 열반이란 단어도 쓴다. 성철 스님 입적.

장정은 몇 살가량의 남자를 가리키나

장정壯丁의 장은 다 자랐다는 의미이고, 정은 징집 연령의 남자를 가리키는 말이다.

장壯의 기준은 후한서에 19세라고 나와 있다. 그러나 장은 정, 즉 징집이 시작되는 나이로 바뀌어 시대별로 차이를 보인다.

정丁은 곧 정남丁男이라고도 한다. 중국 당나라 때는 21세에서 59세까지의 남자를 가리켰다.

우리나라의 경우 신라시대에는 20세에서 59세 사이의 남자를, 고려시대에는 16세에서 59세의 성인 남자를 정으로 보았다. 조선시대에는 16세부터 60세 사이의 남자를 정으로 보

제1장 사람 관련

았는데, 정에 해당하는 모든 이들이 군에 가는 게 아니라 3명 중 1명만 가고 2명은 군역이 면제되는 대신 군에 간 사람에게 1년에 2필의 면포를 냈다.

대한민국 수립 후에는 1950년 1월부터 징병제를 실시했다. 현재 우리나라에서는 만 19세가 되는 해의 생일이 들어 있는 달부터 정이 된다. 병역법에 따르면 18세부터 제1국민역에 편입되고, 36세부터는 현역병이 아닌 사회복무요원으로 복무하며, 38세부터는 병역이 면제된다. 그 밖에 징역이나 질병 등으로 정에서 면제되는 경우가 있다.

왕실에서는 왕과 왕후 사이에서 난 아들을 대군大君, 왕후 외의 비 사이에서 난 아들을 군君으로 구분했다. 다만 일반 사대부 가의 적서嫡庶 구분만큼 엄격하지 않아 군도 왕이 될 수 있었다.

같은 대군이라도 장자의 경우에 원자元子라고 부른다. 세자의 맏아들은 원손元孫이라고 한다. 나머지는 왕자이며, 모두 나리로 불린다.

고려 시대에, 왕자로서 출가하여 승려가 된 사람은 소군小君이라고 불렀다.

공주公主는 왕이나 황제와 왕후 사이에 난 딸이다. 옹주翁主는 왕이나 황제의 비 사이에 난 딸이다. 모두 왕녀라고도 한다. 세자를 제외한 며느리도 옹주라고 부른다.

세자와 세자 사이에서 난 딸은 군주君主, 세자 외의 여자에게서 난 딸은 현주縣主라고 한다.

공주란 말은 주나라 선왕宣王 때 처음 쓰였다. 선왕은 딸을 시집보내면서 이 혼례를 제후인 공公에게 맡겼는데, 이때 혼례를 주관한 사람을 가리켰다. 곧 공이 받들어 모신 주인이라는 뜻이다. 그러다가 나중에는 시집을 가는 왕이나 황제의 딸을 가리키게 되었고, 그것도 왕후가 낳았는지 비이 낳았는지 구분하여 공주와 옹주로 나뉘었다. 그러므로 옹주는 후궁이 낳은 딸이라는 뜻이다.

머리와,
얼굴의 털을
가리키는
여러 가지 말

수首는 머리다.

면面은 얼굴이다.

안顔은 머리칼을 포함한 얼굴이다.

혈頁은 얼굴이다. 혈은 정수리 정頂, 수염 수須, 髥, 머리 두頭, 목 경頸, 뺨 협頰, 얼굴 안顔, 머리 꼭대기 전顚, 목 항項을 모두 합친 의미다.

수鬚는 입가에 난 털이다.

염髥은 뺨에 난 털, 즉 구레나룻이다.

빈鬢은 귀밑에 난 털이다.

사람들보다 재주가 갑절인 사람은 무茂다.

열 사람 중에 빼어난 사람은 선選이다.

선選의 갑절인 사람은 준俊이다.

천 명 중에서 출중한 사람은 영英이다.

영의 갑절이 되는 사람은 현賢이다.

만 명 중에서 빼어난 사람은 걸傑이다.

걸의 갑절이 되는 사람은 성聖이다.

여기에 수컷, 우두머리를 상징하는 웅雄을 붙여 어휘를 만들어 쓴다.

장臟은 인간의 장기로서 간肝, 심心(심장), 비脾, 폐肺(허파), 신腎(신장) 다섯 가지를 일컫는 말이다.

장腸은 육부에 속하는 담낭, 소장, 위장, 대장, 방광, 삼초 중에서 소장, 위장, 대장을 가리킨다.

생물과 무생물의 기준은 **강**아지는 얼마나 자라야 개가 되나 **차**(茶)와 다(茶)는 어떻게 다를까 **과**일과 채소를 구분하는 기준은 **침**엽수와 활엽수는 어떻게 구분하나 **나**비와 나방은 어떻게 다른가 **날**아가는 철새 수는 어떻게 셀까 **한**우는 어떤 소를 가리키나 **단**감은 농산물, 떫은 감은 임산물 **성**별을 구분하는 말 **갈**비는 갈비뼈에서 얼마나 가까이 붙어 있는 고기를 말할까 **인**플루엔자 등이 '유행하다'의 기준은

제2장

동식물 관련

생물과
무생물의
기준은

생물과 무생물을 정확히 나누는 것은 매우 어렵다. 자칫하면 철학적인 문제로 넘어갈 수있기 때문이다. 생물의 특성이 있는지 없는지 여부로 생물과 무생물을 구분하는 것이 가장 일반적이다. 다음은 생물의 특성이다.

- 모든 생물은 세포로 이루어져 있다.
- 생물은 끊임없이 물질대사를 한다.
- 생물은 생식으로 자손에게 형질을 유전한다.
- 생물은 환경에서 오는 자극에 반응한다.
- 생물체는 항상성을 유지한다.
- 생명체는 환경에 적응 · 진화한다.

생물과 무생물의 다른 점은, 생물은 생명이 있지만 무생물은 생명이 없다는 점이다. 그러나 생물이 지닌 생명이 과연 무엇인가 하는 점은 예전부터 해석이 분분하여 그 개념을 엄밀히 정의하기는 거의 불가능하다.

과학시간에 무생물로 분류되는 소금, 쇠붙이, 플라스틱 따위를 놓고 과연 살아 있는 것인지 죽은 것인지 구분하는 것은 의미가 없다. 분자, 원자로 내려가 생각하기 시작하면 전혀 다른 관점이 생기기 때문이다. 그러므로 위에 열거한 생명의 기준에 따라 판단하는 것이 가장 보편적인 구분법이라고 할 수 있다. 생물은 동물과 식물 또는 동물, 식물, 미생물로 나눈다. 또는 동물, 식물, 균류로 나누기도 한다. 지금까지 학술적으로 알려진 생물은 150만 종이 넘는다.

20세기에 전자현미경이 발명되면서 바이러스라는 존재가 발견되었는데, 생물이냐 무생물이냐를 놓고 과학계가 혼란에 빠진 적이 있다. 바이러스는 인공적인 배양액에서는 배양할 수 없지만 살아 있는 세포에서는 선택적으로 기생·증식한다. 바이러스는 생존에 필요한 물질로 핵산(DNA 또는 RNA)과 소수의 단백질만을 가지고 있으므로 그 밖의 모든 것은 숙주세포에 의존하여 살아간다. 논란의 여지가 있지만, 증식과 유전이라는 생물 특유의 성질을 가지고 있어서 바이러스는 대체로 생명체로 간주한다.

암컷 강아지를 기준으로 할 때 첫 발정을 하기 전까지를 강아지라고 하며, 발정이 나면 그때부터 성견, 즉 개로 볼 수 있다. 이 시기에 이르기까지 일반적으로 생후 1년 정도 걸리며, 성장이 빠른 견종은 6개월 만에 발정을 하기도 한다. 따라서 딱 잘라 언제까지가 강아지고 언제부터 개라고 구분하기는 어렵고, 그 기준을 첫 발정으로 보는 게 가장 보편적이다.

제주 조랑말의 경우 14.1개월에 첫 발정을 하므로 이를 기준으로 삼으면 된다. 다만 실제 번식을 할 때 농장에서는 암말은 만 3세, 수말은 만 5세가 넘어야 교미를 실행한다. 병아리의 경우는 120일에서 150일 정도 자라면 초란을 낳는다. 이때부터 닭으로 분류된다. 그 밖에 다른 가축도 첫 발정을 기준으로 새끼와 어미를 구분한다.

백제, 신라, 일본과 해상 교역이 활발하던 중국의 광둥 성에서는 차를 '차cha'라고 부르고, 육로로 중국 북방과 연결되기 쉬우면서 한때 영국인들이 자리 잡았던 푸젠 성에서는 '다tay'라고 불렀다. 그러니 '차'는 배를 타고 들어오고, '다'는 주로 말을 타고 들어온 듯하다. 그래서 한자 '茶' 발음이 북방 정권인 당나라 때까지는 '다'가 되고 황하 이남으로 천도한 송나라 때부터는 '차'로 변한다. 우리가 '茶'를 '다'로 읽는 것은 한자어가 주로 당나라 때인 후기 신라 때 들어왔기 때문이다.

이런 차이로 우리나라 남쪽에서 차 문화가 일찍 발달하고, 일본도 차 문화가 발달했다. 일본어, 포르투갈어, 힌디어, 페르시아어, 터키어, 러시아어가 대개 이 계통에 속한다. 한편 영국 덕분에 푸젠 성 발음으로 퍼져나간 '다'는 말레이어, 네덜란드어, 독일어, 영어, 프랑스어, 이탈리아어, 스페인어, 노르웨이어 등에 뿌리를 내렸다. 각 나라의 '차' 발음을 보면 그 영향을 뚜렷이 알 수 있다.

영국 : tea

독일 : thee

프랑스 : The

중국 : cha 또는 Te

일본 : cha

한국 : 차 또는 다

과일, 과실, 과수, 과채, 채소 등 필요에 따라 다양하게 쓰인다. 식물의 식용 부위에 따라 구분을 하면, 과실 부위를 식용하는 것을 통틀어 과일이라 하고, 잎·뿌리·줄기 등 기타 부위를 식용하는 것을 채소라 한다.

또한 나무木로 보느냐 풀草로 보느냐에 따라 과수와 채소로 구분하기도 한다. 따라서 구분 목적이나 식물학적인 종種에 따라 흔히 과일로 불리는 것이 채소(참외, 수박 등)인 경우도 있고, 과일(과수, 과채 등)인 경우도 있다.

한편 식물학자들은 씨가 있는 식물을 과일로 분류한다. 그래서 씨방을 가지고 있는 땅콩, 곡물, 콩, 완두 등을 마른 과일이라고 보는 식물학자들이 많다. 식물학적으로 볼 때는 오이나 호박도 과일이다.

그러나 보는 시각에 따라 과일이 될 수도, 채소가 될 수도 있다. 이를테면 배추·양배추·순무·무·브로콜리는 십자화과科에 속하는 채소다. 상추·치커리도 같은 과에 속한다. 박과에는 박·수박·참외·오이·호박 등이 포함되고, 콩과에는 완두·녹두·강낭콩·땅콩·팥 등이 속한다. 여기서 아주 흥미로운 것은 가짓과에 가지는 물론 감자·고추·담배가 속한다는 사실이다.

또 다른 분류법도 있다. 여러해살이 나무에서 열리면 과일로 분류하고, 한해살이 덩굴풀이나 한해살이풀에서 열리면 채소로 분류한다. 그래서 여러해살이 나무에서 열리는 사과·배·감·밤·호도·잣 등은 과일로 분류하고, 한해살이 덩굴풀에서 열리는 수박이나 참외·한해살이풀에서 열리는 콩·고추·방울토마토 등은 채소로 분류한다. 하지만 고추를 온실에서 키우면 몇 년이고 살기 때문에 이 분류법도 정확한 것은 아니다.

미국에서는 관세법을 정할 때 조리해 먹는 열매는 채소로, 조리하지 않고 생식을 하는 열매는 과일로 정했다. 이를테면 토마토의 경우, 미국인들은 토마토를 생식하지 않고 익혀 먹기 때문에 채소로 분류했다. 이후 한해살이와 여러해살이로 구분하여 좀 더 정밀하게 나누었다. 이에 따라 한해살이 초목에서 얻는 열매는 채소, 여러해살이 목본에서 얻는 열매는 과일로 분류했다. 즉, 토마토·수박·참외·딸기 같은 덩굴의 열매는 채소로, 사과·배 같은 나무의 열매는 과일로 분

류한 것이다.

하지만 바나나가 과일인지 채소인지 논란이 일면서 이 분류법도 문제가 되었다. 바나나는 여러해살이 초본이기 때문이다. 이에 학자들은 이 문제를 해결하고자 '꽃이 열린 후 맺는 씨를 포함한 열매'를 과일로 정의했다. 이 분류에 따라 기존에 채소로 분류한 많은 열매들이 과일로 분류되었고, 이로써 바나나도 과일에 속하게 되었다.

그럼에도 과일과 채소의 구분은 아직도 논란 중이다. 당이 포함되어 단맛이 나는 열매를 과일로 하고, 그렇지 않은 건 채소로 하자는 주장도 있다. 이렇게 되면 수박·참외는 과일이 된다. 또 채소로 볼 수도 있고 과일로 볼 수도 있는 건 과채라고 하자는 주장도 있다.

침엽수와 활엽수는 어떻게 구분하나

침엽수(針葉樹: softwood)와 활엽수(闊葉樹, hardwood)를 구별하는 잣대는 무엇이고 얼마나 다를까?

궁금하지 않을 수 없다. 사전에는, 침엽수는 잎이 바늘처럼 가늘고 길며 끝이 뾰족한 겉씨식물, 활엽수는 잎이 넓은 나무의 종류로 정의되어 있다. 그러나 이 같은 정의가 다 들어맞는 것은 아니다. 잎이 넓은 은행나무가 침엽수이기 때문이다.

목재시장에서 유래된 소프트우드와 하드우드라는 용어는 작업의 용이성 여부로 구분한 것으로, 나무의 생물학적인 성질과는 큰 관계가 없다.

일반적으로 소나무, 가문비나무, 전나무 같은 침엽수 목재는 관다발의 물관부에 있는 주된 요소인 헛물관이 가늘고 길며 비교적 조직이 균일하여 작업하기가 쉽다.

참나무나 벚나무 같은 활엽수 목재는 물관 요소, 축방향유세포, 방사유세포 등의 다양한 세포로 구성되며 구성 비율도 일정하지 않다. 또한 세포벽이 두꺼운 목섬유세포도 많이 지녔기 때문에 침엽수 목재에 비해 상대적으로 조직이 매우 불균일하고 단단하여 작업하기가 까다롭다. 물론 예외도 있다.

그런데 은행나무는 왜 활엽수가 아니고 침엽수일까? 은행나무는 침엽수도 활엽수도 아닌 것처럼 보인다. 그러나 이것저것 따져보면 침엽수로 분류할 수 있다.

은행나무는 밑씨가 그대로 노출된 겉씨식물로서 침엽수의 정의에 부합한다. 침엽수와 활엽수란 말은 학술용어나 전문용어가 아니라 일반인들이 그냥 습관적으로 부르는 생활용어다. '침엽'은 잎 모양이 바늘처럼 가늘고 길다는 뜻이지만, 침엽수로 분류되는 주목이나 개비자나무처럼 약간 편평한 모양도 있다. '활엽'은 한자 뜻처럼 잎이 넓다는 뜻이지만, 활엽수로 분류되는 위성류渭城柳나 시로미처럼 얼핏 보아 잎 모양이 침엽수에 가까운 경우도 있다. 따라서 잎 모양이 넓다는 이유로 활엽수라고 단정할 수 없다.

은행나무 조직은 헛물관 약 95퍼센트, 방사 조직 4~5퍼센트, 기타 특수한 세포로 이루어진다. 잘라보면 4~6각형의 세포가 벌집 모양으로 배열되어 있는데, 소나무나 주목, 전나무, 향나무 같은 침엽수와 구별이 안 될 만큼 거의 그대로 닮았다.

반면에 활엽수는 은행나무의 95퍼센트를 차지하는 헛물관은 아예 없고 은행나무에는 전혀 없는 물관과 목섬유가 대부

분을 차지해서 모양부터 다르다. 은행나무 조직을 현미경으로 들여다보면 세포 모양이 활엽수와 달리 침엽수와 비슷하다. 이런 특징이 은행나무를 침엽수로 보는 두 번째 이유다.

식물학적으로 구분하자면 은행수, 침엽수, 활엽수 세 가지로 나누는 것이 가장 합리적이다. 은행나무는 선조를 따지고

한참을 올라가도 여전히 한 종류밖에 없어서 식물 분류 단위로 보아도 1목-1과-1속-1종이기 때문이다. 그러나 하나밖에 없는 은행나무 때문에 은행수를 따로 떼어내어 취급하기는 불편하니 침엽수와 활엽수 두 가지로 나눈다면 침엽수에 포함시키는 것이 적절하다는 것이다.

박테리아와
바이러스의
차이

미생물을 분류하는 방법은 다양하다. 가장 일반적인 것은 형태에 따른 분류이며, 미생물이 생존할 수 있는 온도, 산소의 존재 유무, 포자 생성 방법 등에 따라 분류하기도 한다.

이를테면, 미생물의 증식에 가장 큰 영향을 미치는 온도를 기준으로 하면, 미생물의 증식에 적합한 온도에 따라 저온균, 중온균, 고온균으로 나눈다. 산소의 존재 유무도 미생물의 증식에 영향을 미친다. 산소가 있는 곳에서 증식하는 미생물을 호기성균, 산소가 없는 곳에서 증식하는 미생물을 혐기성균이라 한다. 산소가 없어도 증식은 하지만 있으면 더 활발히 증식하는 미생물을 통성혐기성균이라 한다.

사람의 몸속에 사는 미생물 가운데 산소가 닿지 않는 소장 아래쪽부터는 혐기성균들이 자리 잡고 있다. 식사할 때 음식물과 함께 일부 산소가 장내로 들어오지만, 소장에 사는 세균의 일부가 산소를 소모하므로 소장 아래쪽부터 산소가 없는 환경이 만들어지기 때문이다.

미생물의 형태에 따라 분류하면 박테리아(세균), 효모, 곰팡

이, 바이러스 등으로 나눈다. 박테리아는 염색 등의 과정을 거치면 학교에서 흔히 사용하는 광학현미경으로도 충분히 볼 수 있지만, 바이러스는 세균보다 훨씬 작아 지름이 300나노미터 이하다. 가장 작은 것은 20나노미터에 불과해 전자빔과 전자렌즈를 사용하는 정밀한 전자현미경으로만 볼 수 있다.

박테리아는 핵과 여러 작은 기관 등을 갖추고 체세포가 분열하듯이 핵을 증식시키고 분리시켜 그 수를 늘려간다. 그러나 바이러스는 스스로 영양분과 자손을 만들어내지도 못하기 때문에 숙주세포에 의지하여 그 세포의 유전 물질을 이용하여 번식하고 생장한다.

바이러스는 아직도 생물과 무생물의 경계에 있는 '경계 존재'이다. 생물의 정확한 정의는 다양하지만, 적어도 생물학적 입장에서는 스스로 증식할 수 있는 능력, 생명 현상을 유지하기 위한 대사 능력, 그리고 진화하는 능력이 있어야만 한다. 바이러스는 이 세 가지 조건 중에서 세 번째 조건만 가까스로 충족할 뿐이다. 바이러스는 숙주 없이는 스스로 증식하지도 못하고, 스스로 영양분을 섭취하는 대사 능력도 없다. 그래서 바이러스는 물질적으로는 단순히 '살아 있는 유전 물질'일 뿐이지만 다른 동물에게 엄청난 영향을 미친다.

나비와 나방은 나비목의 곤충이다. 나비와 나방을 구분하는 완벽한 기준은 없지만 대개 다음 조건을 적용한다.

나비의 더듬이는 가늘고 길며 끝이 뭉툭한 반면, 수컷 나방 더듬이는 두껍고 털이 많으며, 암컷 나방 더듬이는 가늘고 길며 끝이 뭉툭하지 않다. 이 성질은 나비와 나방을 나누는 가장 기본적인 기준이다. 물론 예외는 있다. 털이 없는 더듬이를 가진 나방도 있으며(끝이 뭉툭하지는 않다), 끝이 뭉툭하지 않은 더듬이를 가진 나비도 있다. 나비는 낮에 활동하고, 나방은 주로 야행성이며 일부는 주행성이다.

나방은 애벌레에서 번데기로 변태할 때 번데기 둘레를 둥근 고치로 보호하는 반면, 나비는 딱딱한 번데기 껍질을 이용한다. 이런 이유로 누에는 나비가 아니라 나방으로 분류한다. 땅속에서 변태하는 박각싯과의 나방은 고치를 만들지 않고 딱딱한 번데기로 몸을 보호한다.

대부분의 나비는 날개의 색깔이 밝고 화려하다. 야행성인 나방의 날개는 갈색, 회색, 흰색, 검은색 같은 단색이거나 여기에 지그재그 무늬나 소용돌이무늬 따위의 위장 무늬가 있다. 하지만 주행성인 나방의 날개는 밝은 색을 띠며, 특히 독이 있는 나방은 날개의 무늬가 화려하다.

나방은 앉을 때 날개를 펼치고, 나비는 날개를 접는다. 하지만 팔랑나빗과에 속하는 나비는 날개를 펴기도 하고 접기도 하며 반만 접기도 한다. 이 밖에 나방의 몸은 통통하고 털이 많은 반면, 나비는 가늘고 부드럽다. 나방은 앞날개와 뒷날개가 연결되어 있는 반면, 나비는 나뉘어 있다.

날아가는
철새 수는
어떻게 셀까

연합뉴스 2007년 11월 11일 기사에 따르면, 새가 적을 때는 일일이 세기도 하지만 너무 많아 그럴 수 없을 때에는 경계 표지를 이용하여 5, 10, 20, 50, 100, 500마리 등의 그룹으로 나눠 헤아리는 간접 방법을 쓴다. 즉, 카메라와 캠코더로 무리를 촬영한 뒤 사진에 격자를 만들어 개체 수를 세는 것이다.

또 일정한 반지름의 원 안에 있는 새들을 세는 '포인트 카운트' 방법이 있으며, 초원에 숨어 있다가 튀쳐나오는 새들을 조사하기 위해 3명의 조사자 중 2명이 장대를 들고 양쪽 옆으로 걸어가고 가운데 1명이 모니터하는 '선 조사법'이 사용되곤 한다.

이 밖에 번식 시기를 중심으로 형성하는 세력권의 지점을 설정하여 지속적으로 관찰하거나 새를 포획해 금속의 표식을 달아 다시 풀어준 뒤 지속적으로 이동경로와 출발과 도착 날짜 등을 관찰하는 방법이 있다.

물론 어리석은 질문이라고 할는지도 모른다. 한우는 소의 조상인 오록스aurochs의 한 지방형인 아시아 원우(학명: Bos namadicus)에서 유래한 것이라고 한다. 황소라고 부르는 누런 소다. 그렇다면 한우와 국내산 소는 같은 걸까? 정답은 '아니다' 이다. 국내산 소고기라고 하면 한우로 오인하기 쉬운데, 한우는 한우라고 하지 국내산 소고기라고 하지 않는다.

이유가 있다. 다른 나라에서 수입한 소라도 한국에서 6개월만 기르면 국내산 소가 된다. 이런 소는 도축된 뒤 '국내산' 이라는 명찰을 달고 시장에 팔려 나간다. 국내산 명찰을 다는 소고기에는 젖소도 포함된다. 따라서 국내산이라는 표시만 보고 외국산 소를 한우로 오인하기 쉽다. 물론 한우와 비슷하게 생긴 누런 수입소를 들여와 한우로 속이는 경우도 있다.

단감은 농산물에 속한다. 그런데 떫은 감은 임산물이라고 한다. 그래서 저온저장고를 짓기 위해 농업보조금을 신청하자면 단감은 되지만 떫은 감은 안 된다. 말하자면 떫은 감은 산림에서 나는 물품으로 분류하기 때문이다.

버섯의 경우에도 이런 희한한 분류가 있다. 표고버섯이나 영지버섯은 임산물이지만 느타리버섯과 새송이버섯 등은 농산물이다.

이렇게 떫은 감이나 표고버섯, 영지버섯을 임산물로 분류하는 것은 주로 야생에서 채취하던 것이기 때문이라고 한다. 지금은 표고버섯을 비닐하우스에서 재배하고, 떫은 감도 밭작물로 광범위하게 재배하기 때문에 이러한 분류는 곧 바뀔 것으로 예상된다.

자雌는 역曆에서 나온 말로 밤을 가리킨다. 나중에 암컷을 가리키는 말이 되었다.

웅雄은 역曆에서 나온 말로 낮을 가리킨다. 나중에 수컷을 가리키는 말이 되었다. 부처를 모신 집을 '대웅전'이라고 하는 것은 수컷이나 영웅이라는 뜻이라기보다 '큰 빛을 모신 집'이라는 뜻이다.

'자웅雌雄을 겨루다'라는 말은 원래 암컷과 수컷이 싸우는 것이 아니라 낮과 밤이 일진일퇴하는 것을 가리키는 말이다. 암컷과 수컷의 짐승이 겨루면 사실상 수컷이 이기는 게 대부분이므로 승부, 우열, 강약 따위를 가린다는 의미로 쓰이는 것은 원래 뜻과는 거리가 있다.

자웅이라는 표현은 길짐승의 암컷과 수컷을 아울러 이를 때 한하고, 날짐승의 암컷과 수컷을 아울러 이를 때는 모牝牡라고 한다. 牝은 암컷 길짐승으로, 암컷의 성기를 나타낸 글자다. 모牡는 수컷 길짐승으로, 수컷의 성기를 나타낸 글자다.

갈비는
갈비뼈에서
얼마나 가까이
붙어 있는
고기를 말할까

'갈비를 먹다'라는 말은 갈비뼈에 붙은 살을 먹는다는 뜻이다. 그런데 갈비뼈에 붙은 살의 범위를 어디까지 잡을지 모호하다. 잘만 도려낸다면 길게도 만들어낼 수 있기 때문이다. '갈비'를 정의한 대법원 판결이 있다.

2005년 11월 6일자 《조선일보》 기사를 보자.

"갈빗살 많이 붙어 있으면 딴 살 이어 붙여도 갈비"

······갈비에 다른 살코기를 붙여 '갈비'라는 명칭으로 팔더라도 갈비(갈비뼈+갈빗살)의 함량이 나머지 부분보다 많다면 처벌할 수 없다는 대법원 확정 판결이 나왔다. 그러나 갈비뼈만 갖다놓고 다른 살코기를 붙인 것은 '갈비'라는 이름을 쓸 수 없다고 판결했다.

이모(44)씨는 2002년 1월부터 경기도 포천에서 미국산 소고기를 수입해 '이동갈비'를 만들었다. 갈비 100퍼센트로 만든 제품이 '이동갈비 1호', 살이 조금 붙은 갈비에 부챗살 등 다른 부위를 붙인 것이 '이동갈비 2호'였다. 이씨는 2004년부터는 살이 전혀 없는 호주산 갈비뼈에 다른 살코기를 붙인 '이동갈비 3호'를 만들어 팔았다.

갈비의 명칭과 원재료 성분을 허위로 표시한 혐의로 기소된 이씨에게 1심 법원은 이동갈비 1호만 '갈비'이고, 2 · 3호는 갈비란 명칭을 쓸 수 없다고 판결했다. 그러나 2심과 대법원은 1 · 2호까지는 갈비, 3호만 안 된다고 판결했다.

대법원 1부(주심 고현철)는 6일 "축산물가공처리법에 따르면 물과 부원료를 제외하고 가장 많이 들어 있는 성분의 이름을 제품명으로 쓸 수 있다"면서 "따라서 살이 붙어 있는 갈비뼈에 일반 정육을 이어 붙인 제품에서 갈비가 다른 부위보다 많은 비중을 차지하면 제품 명칭을 '갈비'라고 써도 된다"며 이씨에게 벌금 1000만 원을 선고한 2심 판결을 확정했다.

결국 가장 많은 원료의 이름을 쓰면 문제가 없다는 취지다. 다른 살 49퍼센트에 갈빗살 51퍼센트를 섞어도 갈비라는 것이다.

패션, 대중가요 등 '유행하다' 라고 표현되는 분야는 많지만 수치로 정해진 기준은 의료 분야 외에는 없다. 따라서 의료 분야를 제외하고는 '유행하다' 라고 하는 것은 기준이 모호하고 주관적이다.

의료 분야의 경우는 다음과 같이 '유행하다' 의 기준을 삼는다.

우리나라 질병관리본부는 외래 환자 1000명 중 12.1명이 인플루엔자influenza에 감염되면 유행주의보를 내린다. 즉, 이때부터 인플루엔자가 '유행하다' 라고 말할 수 있다.

질병관리본부는 감염병, 즉 인플루엔자가 '유행하다' 단계에 이르기 전에 다음의 4단계로 나누어 위기 경보 수준을 국민에게 알린다.

관심(Blue) : 해외의 신종 감염병 발생. 국내의 원인 불명 감염 환자 발생.

환자 유입 및 확산의 지연 등 봉쇄 전략이 목표인 주의 단계다.

주의(Yellow) : 세계보건기구의 감염병 주의보가 발령되고,

해외 신종 감염병의 국내 유입. 국내에서 신종·재출현 감염병 발생.

지역사회 환자 확산의 지연과 피해 최소화 전략을 준비·이행하는 협조 체제 가동 단계다.

경계(Orange) : 해외 신종 감염병의 국내 유입 후 타 지역으로 전파. 국내 신종·재출현 감염병 타 지역으로 전파.

지역사회 유행을 차단함으로써 환자와 사망자를 경감시키고, 경제 피해를 최소화하는 대응체제 가동 단계다.

심각(Red) : 해외 신종 감염병의 전국적 확산 징후. 국내 신종 감염병의 전국적 확산 징후. 재출현 감염병의 전국적 확산 징후. 백신 접종을 통해 심각해진 유행에 의한 피해를 최소화하는 대응역량 총동원 단계. 심각 단계가 유행의 기준이 된다.

한편 WHO는 다음과 같은 '대유행' 기준을 마련하고 있다. 즉 국가 내에서 사용하는 유행 개념이 아니라 전 세계적인 차원의 유행을 가리켜 대유행 또는 범유행이라고 한다. 그 기준은 다음과 같다. 이 기준의 6단계가 대유행이다.

제1단계 : 인체 감염을 유발할 바이러스가 없거나 동물에

제2장 동식물 관련

존재하더라도 인체 감염 및 질병을 일으킬 위험성은 낮은 수준으로 대유행 대비 체계 강화.

제2단계 : 동물에서 새로운 바이러스가 존재, 인체 감염의 위험이 높아지나 인체 감염은 없는 상태로 인체 감염 위험 최소화.

대유행 경보기 : 인체 감염이 발생하고 대유행 발생 위험성이 증가하는 단계.

제3단계 : 인체 감염이 발생하고 사람 간 감염이 발생하지만 극히 제한적으로 발생하는 단계로 신종 바이러스 조기 탐지 체계 가동.

제4단계 : 제한적인 소규모 환자 집락이 발생하나 바이러스가 대유행을 일으킬 만큼 충분한 감염력을 획득하지 못한 단계로 신종 바이러스 전파 차단 체계 강화 및 백신 개발.

제5단계 : 제한적인 규모의 환자 집락이 발생하나 제4단계보다 바이러스가 인체에 적응이 좀 더 되었지만 대유행을 일으킬 만큼 충분히 감염력을 획득하지 못한 단계로 확산 지연을 위한 조치.

제6단계(대유행기) : 인플루엔자 대유행이 발생하여 확산 단계로 대유행 영향 최소화.

얼마나 피어야 '벚꽃이 피었다'고 할 수 있나 서리가 내린다는 뜻은 무엇인가 첫눈은 어떻게 관측하나 얼마나 얼어야 '얼음이 얼었다', '강이 얼었다'는 표현을 쓸까 열대야는 어떤 밤을 가리키나 고기압과 저기압은 어떤 기준으로 나누나 몇 ℃가 돼야 덥다고 하는 걸까 태풍과 폭풍의 차이는 며칠이나 계속 비가 와야 장마라고 하나

제3장

기상, 자연현상 관련

기상청에서 봄을 알리는 봄꽃 개화일을 정해진 관측목을 통해 관측하여 정보를 제공하고 있다. '개화'는 꽃봉오리가 피었을 때를 말하는데, 복숭아·개나리·벚꽃 등은 한 나무에서 한 가지에 세 송이 이상, 유채의 경우에는 한 개체 중 세 송이 이상 완전히 꽃이 피었을 때를 말한다. 각 관측목에는 기상청의 표찰이 붙는다.

봄꽃은 하루에 약 30킬로미터 북상하며, 같은 위도에서 개나리와 진달래는 고도가 100미터 높아짐에 따라 평균 2일 정도 늦게 개화한다. 벚꽃의 만개일은 개화일에서 7일 정도 지난 시기다.

'서울에 벚꽃이 피었다'고 하려면, 종로구 송월동 서울기상관측소 내의 표준목에 3송이가 피어야 한다. 표준목이라는 표지판이 있다. 서울기상청은 1920년부터 표준목의 벚꽃 개화 시기를 기록해왔다.

여의도는 2000년부터 별도로 표준목을 지정하여 관리하는데, 국회의사당 북문 건너편 수목관리번호 118, 119, 120번이다. 이 벚나무에 각각 3송이 이상이 피어야 '여의도에 벚꽃이 피었다' 고 한다.

한편 단풍의 경우에는 표준 관측 지점인 봉우리에서 내려다볼 때 정상에서 아래쪽으로 20퍼센트 지점까지 붉게 물들었을 때 '단풍이 들었다' 고 한다.

각 관측목의 관측 적기 수령은 매화나무 5~15년, 벚나무 10~30년, 아카시아 5~30년, 복숭아나무 5~20년, 배나무 5~30년, 은행나무 10~25년, 단풍나무 5~20년이다.

또한 동물 계절 관측의 종목은 제비 · 종달새 · 뻐꾸기 · 뱀 · 개구리 · 배추흰나비 · 밀잠자리 · 참매미이고, 관측 현상은 초견 · 종견 · 초성 · 종성이다. 관측소 구내나 부근에서 동물 계절 관측을 해야 하나 어떤 동물은 매년 잘 나타나는 장소가 대략 정해져 있기 때문에 미리 관측 장소를 조사해놓았다가 관측하는 경우가 많다. 이러한 동식물 현상은 해에 따라 빨리 또는 늦게 나타날 수 있으므로 관찰자가 과거의 현상 발생 시기를 대략 알고 있다가 그 시기가 되면 주의 깊게 관찰하고 있다.

– 전국의 관측목

수종	기준 구역	관측 표준목
벚나무	서강대교 남단~여의도 서로 100m 구역	여의도 서로 국회 북문 건너 벚꽃 군락지 관리번호 118 · 119 · 120번 벚나무
벚나무	경기도청~팔달산 200m 구역	경기도청 후문에서 도청 본관 왼쪽 방향의 3 · 4 · 5번째 벚나무(도청 후문에서 약 30m 지점)
벚나무	무심천 청주대교~흥덕대교 사이	청주기계공고 앞 무심천 하상도로에서 청주대교 방면 벚나무 3그루(청주대교에서 흥덕대교 방면 14 · 15 · 16번째 벚나무)
벚나무	전주(성덕동) ~ 익산(만경교) 구간	백구 두 번째 육교 지나 (군산대학교 이정표 뒤쪽 1 · 2번째 나무
벚나무	보문관광단지 물레방아광장 입구(남동)에서 출구(북서) 80m까지	물레방아광장 입구 벚꽃 군락지의 관리번호 5 · 6번 벚나무
벚나무	하동군 쌍계사 부근 약 5km 가로수 중 화개중학교에서 화개초등학교 사이	화개중학교 부근의 수령 약 70년 된 가로수 관리번호 1 · 2 · 3번 벚나무
벚나무	제황산공원 서편 정문(365계단)~제황산공원 북쪽 후문 300m까지	공원 정문 입구(서쪽) 관리번호 1 · 2번, 공원 후문(북쪽) 관리번호 1 · 2번 벚나무
동백나무	고창군 아산면 선운사 뒤쪽 구간	선운사(연지사 뒤 가로등 뒤쪽) 관리번호 1 · 2 · 3번 벚나무
동백나무	오동도 등대 주변 동백나무 군락지	오동도 등대 정문 옆 동백나무 군락지 관리번호 1 · 2 · 3번 벚나무
동백나무	거제시 학동 동백 군락지	학동 동백나무 보호구역 안내판에서 오른쪽으로 3번째에서 5번째까지 총 3그루의 나무
철쭉	남원시 운봉읍 용산리 지리산 바래봉 등산로 운지사 갈림길 맞은편 이정표 100m 전방 구역	
철쭉	소백산 제1연화봉 정상 부근 표지석 15m 내외 구역	
철쭉	한라산 선작지왓 노루샘 일대	

- 전국 유명 산의 단풍 기준 관측 봉우리 지정 현황

산이름	기준 관측 봉우리	하단 기준
북한산	백운대	정릉매표소 입구(상단기준-백운산장)
주왕산	기암봉	대전사 진입로
팔공산	비로봉	진불암 입구
청량산	장인봉	청량산매표소 진입로
소백산	연화봉	옛 죽령길 입구
금오산	현월봉	할딱고개 입구
가야산	상왕봉	중봉(상왕봉 바로 아래 봉우리)
가지산	가지산 정상	얼음골매표소
지리산	천왕봉	로터리대피소 앞 헬기장
모악산	모악산 서봉	금산사 뒤편
무등산	장불재	증심사 진입로
마이산	마이산	마이산 탑 주변
내장산	연자봉	내장사 진입로
지리산	정령치	육모정 주변
덕유산	향적봉	덕유산장 주변
월출산	천황봉	천황사 진입도로(천황집단시설지구 내)
조계산	연산봉	송광사 진입로
두륜산	두륜봉	진불암 진입로
외설악	대청봉	외설악소공원 입구
오대산	비로봉	월정사 진입로
치악산	비로봉	구룡사 매표소
계족산	계족산	정암마을
내설악	가리봉	장수대 입구
태백산	천제단	도립공원태백사무소
계룡산	연천봉	동학사
월악산	영봉	월악산관리사무소
속리산	문장대	법주사 진입로
칠갑산	칠갑산 정상	장곡사 진입로
대둔산	마천대	등산로 진입로(케이블카 하차 지점)
한라산	윗세오름	1100도로 영실 진입로

서리가
내린다는
뜻은 무엇인가

기상 용어는 특정한 관측 지점을 두고 이를 판단 기준으로 삼는 경우가 많다.

기상청에서 기상을 관측할 때는 노장(露場, 실외의 기상을 관측하기 위해 마련한 곳. 백엽상, 우량계, 증발계 따위를 둔다)의 기상 상태를 관측하는 것이 원칙이다. 노장에 서리가 내리면 그 지역에 '서리가 내렸다'고 한다. 이를테면 원주기상대 노장에 서리가 내리면 '원주 지방에 서리가 내렸다'고 한다.

기상대에서는 서리가 처음 내린 날과 마지막으로 내린 날을 기록한다.

본 저작물은 공공누리 제1유형에 따라 [기상청(http://web.kma.go.kr)]의 공공저작물을 이용하였습니다.

첫눈은
어떻게
관측하나

지정된 장소의 관설(冠雪; snow cap)을 처음으로 확인하면 그 지역에 첫눈이 내렸다고 한다. 진눈깨비도 눈으로 간주한다.

관설은 관측소를 중심으로 관측자의 시계 내에 있는 지정된 산꼭대기에 눈이 쌓인 상태를 말한다. 따라서 산기슭에 그해 들어 처음으로 눈이 내렸다 해도 그것은 첫눈과 상관없다. 관설 관측 기록은 첫눈 온 날과 마지막으로 눈이 내린 날을 기록한다.

노장에 설치한 소형 증발계의 물이 처음으로 얼었을 때 첫 얼음으로 관측하고, 언 상태가 계속되다가 녹아 더 이상 얼지 않으면 마지막으로 물이 얼었을 때를 마지막 얼음으로 결정한다.

관측소 부근에 주요 강이나 하천이 있으면 그곳의 결빙과 해빙 상태를 관측한다. 강과 하천의 결빙이란 수면이 얼음으로 완전히 덮여서 수면을 볼 수 없는 상태를 말하며 얼음의 두께는 관계없다. 강과 하천의 해빙이란 얼었던 수면이 어느 일부분이라도 녹아서 노출되는 상태를 말한다. 따라서 결빙 시작일과 마

지막 해빙일 사이에 몇 번의 결빙과 해빙이 있을 수도 있다.

   한강의 결빙을 관측하는 장소는 제1한강교 노량진 쪽 두 번째 교각과 네 번째 교각 사이 상류 100미터 부근의 남북 간 띠 모양 지점이다. 이곳이 얼음에 덮여 강물을 완전히 볼 수 없으면 '한강이 얼었다'고 한다. 즉, 얼음 두께는 상관이 없으며, 살얼음이라도 그 지점을 다 덮고 있어야 한다. 그 반대로 결빙된 수면이 녹아 어느 일부분이라도 강물이 노출되었다면 '한강이 녹았다'고 한다. 조그만 구멍이라도 보이면 녹았다고 하는 것이다.

   이 같은 한강 결빙 관측은 1906년에 시작하여 현재에 이르고 있다. 관측 지점을 이곳으로 정한 이유는 1906년 당시 노량진이 한강의 대표 나루였기 때문이며, 오늘날에도 계속 이용되는 이유는 지금의 관측 지점이 관측하기에 쉬울 뿐만 아니라, 서울을 통과하는 한강 수계를 볼 때 거의 중앙에 위치하여 결빙 관측 지점으로서 대표성이 인정되기 때문이다.

   서울뿐만 아니라 각 지역의 주요 강에도 관측 지점이 정해져 있다. 낙동강은 진동, 금강은 공주, 영산강은 나주, 섬진강은 송정에 각각 관측 지점이 있다.

열대야란 '방 밖의 기온이 25°C 이상인 무더운 밤'을 뜻한다. 다시 말해 어떤 지점의 하루 중 최저 기온이 25°C 이상인 날을 말한다. 따라서 하루 중 기온이 아무리 내려가도 25°C 이상 지속되어야 열대야라고 부를 수 있다.

기온이 밤에도 25°C 아래로 내려가지 않을 때는 너무 더워서 사람이 잠들기 어렵기 때문에 더위를 나타내는 지표로 사용한다.

지구의 평균 온도는 15°C다. 15°C보다 낮으면 춥다고 느끼고, 15°C에서 23°C까지는 활동하기 좋은 온도라고 느낀다.

의학적으로 최적의 수면 온도는 섭씨 18~20°C다. 이 온도는 1차 한계가 23°C고, 잠을 이루기 어려운 온도는 25°C다.

고기압과
저기압은
어떤 기준으로
나누나

텔레비전이나 신문지상에 나오는 일기도를 유심히 보면, 기압이 똑같은 1010헥토파스칼hPa이라도 장소에 따라서 어떤 곳은 고기압이라고 씌어 있고, 또 어떤 곳은 저기압이라고 씌어 있다. 그리고 저기압 지역에는 '흐림'이나 '비'라는 표시가 있고, 고기압 지역에는 '맑음'이라는 표시가 있다. 여기에서 몇 가지 의문이 생긴다.

그렇다면 몇 헥토파스칼 이상이 고기압이고, 몇 헥토파스칼 이하가 저기압일까? 혹시 1기압(1013.25헥토파스칼)을 기준으로 그 이상은 고기압, 그 이하를 저기압이라고 하는 것일까?

기압에 대하여 알아보기에 앞서 온도에 대하여 생각해보자. 몇 °C 이하가 저온일까? 40°C는 10°C보다는 분명 높은 온도이지만 100°C보다는 낮다. 즉, 고온 또는 저온은 상대적이다. 고기압과 저기압도 온도와 마찬가지로 몇 헥토파스칼 이상이 고기압, 몇 헥토파스칼 이하는 저기압이라는 기준이 있는 것이 아니라 상대적으로 정해진다.

따라서 주위보다 기압이 높은 지역을 고압부, 즉 주위보다

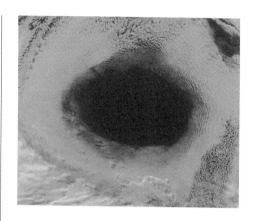

기압이 높고 등압선이 둥글게 닫혀 있는 곳을 고기압이라고 한다. 상대적으로 주위보다 기압이 낮은 지역을 저압부, 즉 기압이 낮고 등압선이 둥글게 닫혀 있는 곳을 저기압이라고 한다. 그러므로 1기압 이상이어도 고기압일 때도 있고 경우에 따라 저기압이 되기도 한다.

고기압과 저기압은 그야말로 상대적인 말이다.

몇 °C가 돼야 덥다고 하는 걸까

일반적으로 우리가 옷을 입은 상태에서 기온이 18°C가 되면 피부 표면에서 수분이 분비된다고 한다. 이때는 수분이 곧바로 증발하기 때문에 더위를 느끼지 못한다. 온도가 높아질수록 수분의 분비량도 많아진다. 분비된 수분이 다 증발한다면 덥다는 느낌은 크게 들지 않을 수 있다. 이것이 태국 같은 날씨에 속한다.

그런데 주변 습도가 높으면 수분 증발량이 점점 줄어들다가 마침내 증발 자체가 멈추는 시점에 이른다. 이때 피부 표면에 남는 것이 땀인데, 이때의 느낌이 바로 더위다. 즉, 더위는 온도보다는 습도와 더 큰 관계가 있다.

기온이 32°C, 습도가 96퍼센트면 가만히 있어도 땀이 난다. 습도가 48퍼센트로 낮아지면 35°C가 되어야 땀이 난다. 그러므로 기온이 높더라도 습도가 낮으면 웬만큼 참을 수 있다. 실제로 100°C가 훨씬 넘는 사우나탕에서는 건조하기 때문에 견딜 수 있지만 60°C 정도의 물속에서는 오래 견딜 수 없다.

미 공군의 우주비행사 훈련 때 알몸으로 204°C의 건조한 실내에서 견뎌냈다는 기록이 있다. 옷을 입은 상태에서는

260°C 조건도 이겨냈다고 한다. 이런 것으로 볼 때 무더위란 습도가 중요한 변수임을 알 수 있다.

우리나라의 경우, 장마철인 7월에는 습도가 높기 때문에 무더위가 나타난다. 8월에는 기온이 사람의 체온인 36.5°C 보다 더 높이 올라가는 혹서 형태가 나타나는데 가장 견디기 힘든 시기다. 이런 계절에 더위를 견디려면 일단 습도를 낮추는 게 중요하다. 에어컨을 이용할 때 지나치게 낮은 온도를 설정하여 에너지를 낭비하지 말고, 26~28°C로 설정을 해도 습도가 낮아지므로 충분히 더위를 견딜 수 있다.

일단 체온이 정상이고 평균 습도인 40~60퍼센트일 때 36.5°C인 체내 온도는 외부의 낮은 온도(봄가을 기준)에 의해 내려가면서 피부 표면의 온도는 약 30°C가 된다. 30°C가 더운지 추운지를 가르는 실제적인 기준점이 되는 것이다. 그래서 바깥 기온이 30°C를 기준으로 이보다 높으면 '따뜻하다, 덥다, 뜨겁다'로 느낌이 올라가고 그 아래로 내려가면 '시원하다, 서늘하다, 춥다'로 느낌이 내려간다.

한편 물은 매우 특이한 성질을 갖고 있다. 즉 15°C 단위로 산소와 수소의 결합에 따라 확산이 잘 안 되는 현상이 일어난다. 일종의 블록 효과가 나타나는 물의 경계 온도다.

15°C - 기온 15°C 이하에서 바나나, 오렌지, 사과, 토마토, 오이, 피망, 고구마 등의 조직은 상해를 입는다. 밀양 얼음골에서는 이 원리를 이용해 사과의 과육에서 꿀 같은 조직을 얻는데, 실제로는 상해를 입은 것이다. 파리, 모기 같은 곤충은 날지 못한다. 기온이 15°C에 이르면 개미가 걷는 속도가 갑자기 느려진다. 대합조개의 섬모운동도 갑자기 느려지면서 산소 소비가 감소한다. 이 온도에서는 난자의 세포분열과 세균 증식이 억제된다. 그래서 곤충, 물고기, 토양박테리아가 사는 데 최적 온도는 기온 23°C다.

30°C - 기온 30°C에서는 토끼의 산소 흡입이 감소한다. 개구리 알은 변태를 일으키는 비율이 갑자기 높아진다. 사람의 경우, 기온이 아닌 체온을 기준으로 할 때 이 온도 이하로 내려가면 동사한다. 역시 체온이 이 온도에 이르면 난자의 세포분열과 세균 증식이 억제된다. 그래서 사람, 포유류는 체온 36.5°C 내지 37°C가 최적 온도다. 체온 41°C는 조류의 최적 온도다. 날 때 에너지를 많이 소비하기 때문이다. 날지

못하는 조류인 타조나 펭귄의 체온은 38~39°C다. 그러나 치사 온도는 사람이나 다른 동물처럼 똑같은 체온 45°C다.

45°C - 기온 45°C 이상이면 사람이나 동물은 고열에 따른 대사 장애로 죽는다. 기온 55~53°C에서는 내열성 박테리아의 활동이 활발해진다. 이 온도는 45°C와 60°C의 중간이다.

60°C - 기온 60°C는 우유에서 박테리아를 저온 살균하는 치사 온도다.

사람은 물의 온도를 어떻게 느낄까?

사람이 물 같은 액체를 따뜻하다고 느끼는 온도의 기준은 기온이나 체온과 다르다. 액체를 마시면서 따뜻하다고 느끼는 기준 온도는 65°C다. 이보다 낮으면 미지근하다고 느낀다. 65°C 이상은 뜨겁다고 느낀다.

4°C의 물은 시원하다고 느끼는데, 만일 이 물을 피부에 떨어뜨리면 차다고 느낀다. 일반적으로 감각으로 느끼는 찬물의 기준은 0°C에서 18.3°C까지다. 32°C는 미지근하다고 느끼고, 34°C 이상은 따뜻하다고 느끼며, 36°C 이상은 뜨겁다고 느낀

다. 40°C 이상은 매우 뜨겁고, 45°C 이상에서는 통증을 느낀다.

같은 액체라도 맛에 따라 온도를 느끼는 차이가 있다.

온도가 높아지면 단맛을 더 느낀다. 액체가 체온에 이를 때 단맛이 가장 크게 느껴진다. 온도가 떨어지면 단맛이 덜한데, 그래서 얼음을 넣은 액체에는 설탕이 더 많이 들어간다.

짠맛과 쓴맛은 온도가 높아지면 그 맛을 덜 느낀다. 짠맛은 온도가 높아지면 도리어 순해지고 식으면 강해진다.

과일주스처럼 단맛과 신맛이 섞여 있을 때는 온도가 높아지면 단맛이 더 강해지지만, 온도가 낮아지면 신맛이 더 강해진다. 쓴맛은 체온 이하 온도에서는 차이가 없다.

이처럼 물은 온도에 따라 매우 다양한 특징을 보인다. 물이 생체에 영향을 미치는 온도는 15°C, 30°C, 45°C, 60°C다. 물이 구조화되어 생체에 이용할 수 없는 상태가 되는 것이다. 따라서 사람은 30°C와 45°C의 중간인 36.5°C에서 가장 안전하다.

이러한 이유로 사람의 체온이 36.5°C보다 낮으면 추위를 느끼고, 이보다 높으면 더위를 느낀다. 물론 체감온도가 아닌 체내 온도를 말하는 것이다.

사람은 체온이 35°C 이하로 내려가면 춥다고 느낀다. 그러다가 체온이 30°C에 이르면 의식을 잃고, 25°C 이하로 내려가면 심장이 정지한다. 이를 '얼어죽는다'고 표현한다. 인도 같은 아열대권에서 가끔 얼어죽었다는 뉴스가 나오는데, 체온이 25°C 이하로 내려갔기 때문이다. 다만 뇌수술 때 이용되는 저온치료법의 경우 체온을 32~34°C 사이로 맞춘다. 30°C 이하로 내리면 혼수상태에 빠지기 때문에 더 낮추지는 못한다.

열이 난다고 할 때 구체적으로는 오전에는 37.2°C 이상, 오후에는 37.7°C보다 높은 경우다. 대체로 인체에 38°C 이상 열이 나면 따뜻하다는 표현 대신 뜨겁다고 한다. 체온이 40°C가 넘어가면 매우 위험하고, 43°C 이상에서는 사망한다. 체온이 1°C 높아질 때마다 대사율이 14퍼센트나 증가한다. 즉, 14퍼센트 대사가 일어나야 올라간 만큼의 체온을 감당해낼 수 있다. 하지만 노인이나 환자들은 이런 체온 변화를 감당하지 못한다. 그래서 얼어죽든 인체 과열로 죽든 노인과 환자는 기준 온도 이전에 대사가 정지되어 목숨을 잃는 경우가 많다.

또한 체온은 사람마다 약간씩 차이가 나기 때문에 그 차이에 따라 따뜻하다고 느끼거나 춥다고 느끼는 기준 온도가 달라진다.

태풍과
폭풍의
차이는

질풍은 10분간의 평균 풍속이 초속 8.0~10.7미터로 부는 바람으로, 나뭇가지가 흔들리고 바다에서는 작은 물결이 인다.

강풍은 10분간의 평균 풍속이 초속 13.9~17.1미터로 부는 바람으로, 나무 전체가 흔들리고 바람을 안고서 걷기가 힘들다.

폭풍은 10분간의 평균 풍속이 초속 28.5~32.6미터로 부는 바람으로, 육지에서는 건물이 크게 부서지고 바다에서는 산더미 같은 파도가 인다. 최대 풍속이 초속 21미터 이상인 바람이 불고 이 상태가 세 시간 이상 계속될 것이 예상되거나, 최대 순간 풍속이 초속 26미터 이상의 폭풍이 예상될 때는 기상청이 폭풍 경보를 발효한다.

태풍은 북태평양 남서부에서 발생하여 한국, 일본, 중국 등 아시아 동부를 강타하는 폭풍우를 동반한 맹렬한 열대성 저기압이다. 태풍은 시속 30~40킬로미터 정도로 부는 바람이지만 1000킬로미터에 달하는 거대한 저기압을 형성하며 몰려오기 때문에 위력은 그 어떠한 바람보다도 무섭다. 태풍

이 불었다 하면 대개는 나무가 뿌리째 뽑히거나 해일이 일어

나고 가옥이 파괴되는 등 엄청난 재난이 일어나곤 한다.

며칠이나
계속 비가 와야
장마라고 하나

며칠이나 비가 내려야 장마라고 부를까? 또 봄이나 가을에는 왜 장마가 지지 않을까? 장마에도 기준이 있다. 일단 장마가 시작되면 비가 오지 않아도 상관없다. 장마는 여름철(6, 7, 8월)에 해양성 대기단(북태평양기단)과 해양성 한대기단(오호츠크해기단)이나 대륙성 한대기단(변질기단 포함) 사이의 정체전선에서 흐리거나 비 또는 소나기가 자주 오는 날씨를 말한다.

우리나라 장마 시작일은 6~7월에 장마전선의 영향으로 비가 오기 시작한 날이며, 장마 종료일은 장마전선이 일기도상 우리나라 부근에서 소멸하거나 그 영향에서 벗어난 날이다.

장마는 동아시아 하계 계절풍 기후의 하나다. 이 계절풍 기후의 영향으로 대개 5월부터 7월 사이에 걸쳐 아시아 여러 나라에서 장마와 같은 강우 집중 현상에 일어나는데, 그 용어는 나라마다 다르다. 동남아시아에서는 스콜(열대 지방에서 대류에 의하여 나타나는 세찬 소나기. 강풍, 천둥, 번개 따위를 수반하는 경우가 많다), 인도·타이·베트남·방글라데시에서는 몬순 monsoon, 중국에서는 메이유梅雨, 일본에서는 바이우梅雨, 한국에서는 장마라고 한다.

도량형은 무엇을 가리키나   왜 평의 넓이나 근의 무게가 달라질까   속도와 속력은 어떻게 다를까   어느 정도 높이부터 우주라고 부를까   영공은 지상에서 몇 킬로미터 상공까지인가   술잔을 가리키는 여러 가지 말   배를 가리키는 여러 가지 말   총구가 얼마나 커지면 배가 될까   잠수함과 잠수정의 차이는   화살 표적을 가리키는 말   사람 수효를 가리키는 말   술을 가리키는 말   전구의 수명이란   집을 가리키는 여러 가지 말   땅의 소유권은 지상과 지하 어디까지 허용되나

제4장

도량형 관련

도량형은
무엇을
가리키나

도度는 길이를 재는 단위로 장丈, 척尺, 촌寸이 있다.

양量은 부피와 넓이를 재는 단위로 결結, 부負, 속束, 홉, 되, 말이 있다.

형衡은 무게를 재는 단위로 균均, 근斤, 돈이 있다.

실생활에서 흔히 사용하는 평坪은 정확하게 몇 제곱미터㎡일까? 정답은 '각각 다르다'이다. 토지는 3.3제곱미터가 한 평이지만, 유리는 0.09제곱미터가 한 평이기 때문이다. 한 근도 마찬가지다. 소고기는 600그램g이 한 근이지만 과일은 200그램, 채소는 400그램이 한 근이다.

이처럼 단위가 같으면서도 실제 면적이나 무게가 달라 혼선을 빚자 정부에서는 넓이는 제곱미터, 무게는 밀리그램mg · 그램 · 킬로그램kg을 공식적인 단위로 사용하도록 정했다.

속도와
속력은
어떻게 다를까

속도와 속력은 표기가 같다. 둘 다 m/s나 km/h로 나타낸다. 물리학에서 속도는 크기와 방향이 있으며 그 양은 벡터로 나타내고, 속력은 방향이 없고 크기만 있으며 그 양은 스칼라로 나타낸다. 그런데 실생활에서는 속도와 속력이 반대로 쓰이는 경우가 많다.

다시 정리해보자.

속력 : 단위 시간당 이동한 거리, 스칼라.(예_ 거리는 두 점을 연결한 직선거리를 나타내는 스칼라)

속도 : 단위 시간 내에서의 위치 변화, 벡터(예_ 시작점에서 끝점에 이르는 거리와 방향을 나타내는 벡터)

어느 정도
높이부터
우주라고
부를까

● 중국의 만리장성은 우주에서도 보인다
● 우주에서도 보이는 비버 댐 발견
● 한국 최초의 우주인 이소연

뉴스에 가끔 등장하는 이 우주의 정의는 무엇일까?

지구에서 얼마나 떨어진 곳부터 우주라고 할까?

한국인 최초의 우주인 이소연은 어디까지 갔기에 우주에 다녀왔다고 할까?

지구와 우주의 경계는 지상 100킬로미터다. 공기 저항이 거의 없는 곳이다. 따라서 이소연이 우주에 다녀왔다는 말은 지상 100킬로미터 상공 위로 올라갔다 내려왔다는 뜻이다. 실제로 이소연은 지상 350킬로미터 지점에 있는 국제우주정거장까지 다녀왔다. 다시 정리하면, 우주란 지상 100킬로미터부터 시작된다. 이곳의 온도는 -130°C다.

인공위성은 이 우주에서 초속 7844킬로미터에 이르면 떨어지지 않고 지구궤도를 돌 수 있다. 하지만 너무 빨리 돌면 지구의 자전 속도보다 더 빨라지기 때문에 고정할 수가 없다.

그래서 적도 상공 3만 5786킬로미터까지 인공위성을 밀어 올리면 궤도가 길어져 지구 자전 속도와 비슷해진다.

영공은
지상에서
몇 킬로미터
상공까지인가

한 나라의 국토는 영토, 영해, 영공을 포함한 개념이다.

영토와 영해의 기준이 먼저 정해지면 그 상공이 일단 영공이 된다.

그런데 영해를 따질 때 기선基線을 잡는 게 까다롭다. 대개 썰물 때 드러난 해안선이 기선이 되는데, 섬이 있을 때는 섬을 기준으로 기선을 늘인다. 일단 기선이 정해지면 이곳으로부터 12해리 이내가 영해다(1982년 유엔해양법회의에서 정의).

이렇게 정한 영토와 영해의 상공 몇 킬로미터까지 영공이 될까?

아직 국제 기준이 확립되지 않았지만, 통상 인공위성 궤도 비행의 최저 고도인 100~110킬로미터를 영공의 수직 한계로 봐야 한다는 궤도비행설과 영공무한설, 대기권설 등의 주장이 엇갈린다.

대한민국 국방부는 "미국과 일본은 영공의 수직 범위에 대한 기준을 확정하면 우주 활동의 위축과 국제적인 분쟁을 야기할 수 있다는 입장"을 취하고 있고, "영국과 네덜란드, 아르헨티나, 에콰도르 등은 경계 확정을 위한 과학기술 지식이

부족하다면서 경계 확정에 반대하고 있다"고 밝혔다.

　다만 프랑스와 독일, 러시아, 폴란드, 벨기에 등은 지상에서 100킬로미터 상공까지, 이탈리아는 90킬로미터 상공까지를 각각 수직적 영공의 한계라고 주장한다.

술잔을
가리키는
여러 가지 말

배杯는 나무로 만든 술잔이다.

잔盞은 낮고 작은 잔이다. 초기에
는 옥으로 만들다가 나중에 도자기
로 바뀌었다.

싱觴은 물소나 쇠뿔로 만든 잔이다.

작爵 쇠로 만든 발이 달린 술잔으로 보통 한 되들이 정도의
큰 잔이다.

굉觥 소의 뿔로 만든 술잔이다.

제4장 도량형 관련

CC BY-SA Mountain on zh,wikipedia

※ 131 ※

배를
가리키는
여러 가지 말

선船은 작은 배다.

박舶은 큰 배다.

함艦은 싸움배, 즉 전선戰船이다.

정艇은 선보다 작은 나룻배다.

척隻은 배를 세는 단위다.

총구가 얼마나 커지면 포가 될까

총과 포는 원리가 같다. 다만 크기에 차이가 있다.

그렇다면 총구가 얼마나 커져야 포라고 불릴까?

총과 포를 구분하는 기준은 구경, 탄알의 폭발 위치, 관측자와 사격자가 동일한지 여부 등이다. 구경을 기준으로 하면 보통 20밀리미터 이하를 총으로 구분한다. 이 기준이 가장 중요하다. 우리 군이 주로 사용하는 K-1, K-2, M-16 소총의 구경은 5.56밀리미터다.

조선시대에 만든 포도 이 기준에 부합한다. 천자총통(2세대형)은 구경 130밀리미터, 지자총통은 구경 105밀리미터, 현자총통은 구경 75밀리미터, 가장 작은 황자총통은 구경 60밀리미터다. 제2차 세계대전 중 독일군이 만든 도라Dora라는 대포는 구경이 800밀리미터나 된다.

총의 용도와 포의 용도는 확실히 다르다. 총과 포의 용도를 나누자면 총이란 한 명의 사람을 공격하거나 공포탄으로 신호를 보내는 데 쓰인다. 포는 사람을 집단으로 죽이거나 많은 사람에게 신호를 보낼 때 쓰인다.

포는 총보다 정확도가 많이 떨어진다. 굉음 때문에 위치를 발각당하기 쉽고 무거워서 움직임도 느리다. 하지만 포탄은 총알보다 크고 무겁고, 포신이 총신보다 더 큰 압력을 견딜 수 있어서 총보다 월등히 멀리 보낼 수 있다.

포 또한 구경에 따라 명칭이 달라지며 구경이 커질수록 파괴력과 사정거리, 그리고 소음이 증가한다. 포를 발사하면 열기와 연소된 화약의 연기 등도 같이 발생하므로 개방된 공간이나 충분히 넓은 공간에서 사용하며, 보통 건물 밖에서 건물을 부수거나 원거리 공격과 엄호 등에 쓰인다.

일반적으로 함艦은 전투용 배, 정艇은 거룻배 정도의 작은 배다. 경기용 배를 일컫는 '조정漕艇'에서 '정'을 쓰는 것도 이 배가 작기 때문이다.

그러나 크거나 작은 군사용 배를 통틀어 일컬을 때는 함정艦艇이라고 하고, 크기를 기준으로 함과 정을 구분한다. 이를테면 잠수용 배를 잠수함과 잠수정으로 구분하는 식이다.

구분 기준은 300톤이다. 300톤을 기준으로 그 미만은 정이고, 300톤부터는 함이다. 일반 함선의 경우 함과 정의 기준을 500톤으로 보는 견해도 있다.

화살
표적을
가리키는 말

과녁의 한가운데가 되는 점을 정곡正鵠이라고 한다.

중국 후한의 학자 정현鄭玄의 주석에 따르면 정正은 천으로 만든 과녁을, 곡鵠은 가죽으로 만든 과녁이다.

곡은 또한 과녁 중 사방 4척尺 이내의 자리다.

후侯는 과녁 중 곡을 제외한 사방 10척 이내의 자리다.

사람
수효를
가리키는 말

원員은 관원, 관리 등을 가리키는 말이다. (예_ 10원)

인人은 관아 기준으로 현령, 현감, 아전, 아속을 가리키는 말이다. (예_ 아전 10인)

명名은 포졸, 역졸, 봉졸, 백정 등의 수를 헤아릴 때 쓰는 말이다. (예_ 포졸 3명)

구口는 서민을 헤아릴 때 쓰는 말이다. (예_양인 200구)

두頭는 짐승의 수를 세는 단위다. 사람의 경우 적이나 반란군, 역적의 머리를 헤아릴 때 쓰기도 한다. (예_ 왜구 30두)

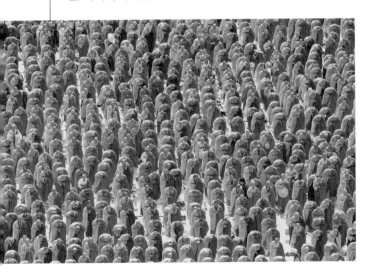

술을
가리키는 말

주酒는 일반 발효 술이다.

주酎는 세 번 고아 증류한 술이다.

이 고급술은 주로 중요한 제사 때

쓴다.

전구의
수명이란

전구의 수명이 다한 때를 필라멘트가 끊어지는 시점을 기준으로 잡는다고 상상하는 사람들이 많다. 하지만 전구의 수명은 그렇게 계산하지 않는다.

전구의 최초 밝기를 100으로 보았을 때 80퍼센트 정도로 떨어지면 수명이 다한 것으로 간주한다. 그러니까 필라멘트가 완전히 끊어져야 명이 다한 게 아니다. 현재 규격으로 전구의 수명은 1000~1200시간이다.

대한민국에서는 2014년 1월부터 150와트 이하의 백열전구 생산과 수입을 전면 금지했으며, 150와트 이상 전구는 여전히 생산된다.

당堂은 큰 집이다. 거주를 목적으로 하지 않고 특별히 지은 집 또는 공청公廳을 뜻한다. (예_ 사명당, 명륜당, 영당)

실室은 큰 집에 딸린 방이다. (예_ 연려실, 첩실)

우宇는 지붕과 처마가 있는 집이다. (예_ 사우寺宇)

주宙는 대들보와 서까래가 있는 집이다.

루樓는 포개어 지은 다락집이다. (예_ 옥호루)

옥屋은 사람이 살림하며 사는 집이다. (예_ 청진옥)

장莊은 살림집 말고 따로 있는 집이다. (예_ 별장, 이화장)

대臺는 관청이나 조정으로 집이 높다. (예_ 청와대)

관館은 사람이 상주하지 않는 학교나 관청 건물, 손님이 머무는 집이다.

원院은 왕을 찾아온 손님이 머무는 궁실宮室이다. 유원遊園을 둘러싸고 있는 담과 회랑이 있는 건물을 의미한다. 중국 당나라 때 칙명에 따라 대자은사 등에 번경원飜經院을 세웠는데, 이것이 불교와 관련된 건물에 '원'이라는 이름을 붙인 시초가 되었다. 송나라 때는 나라에서 세운 큰 사찰에 원호院號를 붙였다고 한다.

시寺는 왕을 찾아온 손님이 머무는 궁실이다.

재齋는 공부하는 집이다. (예_ 산천재)

궁宮은 왕이나 왕후, 왕자와 공주가 사는 집 또는 귀신이 사는 집이다. (예_ 운현궁)

궐闕은 왕이나 황제가 사는 집이다. 원래 법령을 게시하던 궁문宮門 양옆에 세운 대臺를 가리켰다.

전殿은 왕이나 황제의 거처다. 이를테면 근정전. 향교나 절에서 여러 채의 건물이 있을 때 그중에서 가장 큰 집을 일컫는다. (예_ 대성전, 대웅전)

택宅은 사람이 살림하며 사는 집 또는 무덤이다.

숙宿은 임시로 머무는 집이다. 기간이 우寓보다 짧다. 목적지로 가는 길에 잠시 들러 머무는 집이다.

우寓는 임시로 머무는 집이다. 기간이 숙宿보다 길다. (예_ 우거寓居: 잠시 머무는 집)

묘廟는 조상의 신주를 모시거나 세상에 공적을 남기고 죽은 사람을 추모하기 위하여 지은 건물이다. (예_ 종묘, 문묘)

저邸는 제후가 천자를 알현하기 위해 서울에 와서 묵는 큰 집이다.

사舍는 관청이다.

각閣은 문설주에 바로 문을 단 작은 집이다.

규閨는 부녀자의 거처다.

땅의 소유권은
지상과 지하
어디까지
허용되나

대개 땅을 소유하고 있는 사람들은 2차원 평면만 상상한다. 그 땅으로부터 지하의 소유권은 누구에게 있으며, 지상의 소유권은 누구에게 있을까?

우리나라에서 이러한 권리는 대개 민법이나 판례로 결정된다.

민법 212조(토지소유권의 범위)에 '토지소유권은 정당한 이익이 있는 범위 내에서 토지의 상하에 미친다'고 되어 있다. 자세한 내용은 없다. '정당한 이익이 있는 범위'가 어디까지냐는 것이다. 옛날에는 지하로는 기껏 우물이나 파는 정도이고 지상으로는 건물이 몇 층 올라가는 정도였지만, 이제는 지하실을 건축할 수 있고 지하철이 지나기도 하고 100층짜리 건물이 서기도 한다.

일단 지하를 보자.

우물을 팔 수도 있고 지하실을 건축할 수도 있는데, 이때 기준을 잡아야 한다.

민법 244조(지하시설 등에 대한 제한)를 보면 우선 우물을 팔

때는 경계선으로부터 2미터 이상 떨어져야 한다. 물론 이 우물도 깊이에 따라 다르다. 지하실이든 도랑이든 그 깊이의 반 이상 경계선으로부터 떨어져야만 한다.

민법 241조(토지의 심굴 금지)에 '토지 소유자는 인접지의 지반이 붕괴될 정도로 자기의 토지를 심굴하지 못한다. 그러나 충분한 방어 공사를 한 때에는 그러하지 아니하다'고 되어 있다. 여기서 심굴은 깊이 판다는 뜻이다.

기준이 정해지지 않은 가운데 1981년 판례에서 지하 18~130미터 터널 공사는 토지소유권을 침해하지 않는다고 나오지만, 2011년 판례에서는 지하 22~95미터도 토지소유권을 인정하는 것으로 나오기도 했다.

광산의 경우에도 토지사용권 문제가 제기될 수 있는데, 이때는 광업권이라는 별도의 권리가 있어 지하에서 채굴한 광물은 광업권 소유자가 갖게 된다. 따라서 지하에 금이 아무리 많아도 광업권을 가진 사람이 채굴할 수 있지 땅주인이 가질 수 없다.

현재 심리적인, 통상적인 지하 권리는 고층 시가지의 경우 40미터, 중층 시가지의 경우 35미터, 주택 지역은 30미터, 농지와 임야 등은 20미터다. 법률로 정해진 건 아니다.

그래서 초기에 지하철을 공사할 때는 주로 국가 소유의 도로 지하를 따라 건설되었고, 민간 소유 지역을 통과할 때는 배상금을 지급했다. 서울시 지하철건설본부에 따르면 9호선 공사 때 구분지상권 설정 면적은 총 2만 8000여 평으로 보상비가 190억 원이었다. 서초구 반포 주공3단지와 인근 삼호가든 아파트 주민 3000여 명은 각 500만 원씩을 수령했다.

지하 40미터 이하 터널 공사를 추진하는 GTX의 경우 서울시 등 조례에 따르면 현재는 지상 토지 소유자에게 보상금을 지급해야만 한다. 따라서 서울시 조례가 바뀌기 전에는 보상 없는 GTX 건설이 어렵다.

이제 지상을 보자.

잠실에 짓는 롯데월드타워의 높이는 지상 555미터에 이른다.

이런 공간을 사적 공중권이라고 하는데, 도대체 어디까지 가능할까? 롯데의 경우도 555미터 상공은 공군 비행에 문제가 있다 하여 정부가 허가를 내주지 않다가 우여곡절 끝에 건축되고 있다.

물론 이 사적 공중권은 전파나 항공기가 이동하는 공적 공중권 아래에 있는 개념이다. 그 밖에도 군사적으로 층고 제한을 받는 지역이 많다.

한편 고층 건물 두 채를 구름다리로 이을 때 만일 그 사이 땅의 주인이 다르다면 공중권을 허가받아야만 한다.

낮과 밤의 경계는 **세**월과 시간은 뭐가 다른가 **시**간과 시각은 어떻게 다른가 **봄**은 언제부터 언제까지를 말하나 **야**간밤이란 **꼭**두새벽은 몇 시일까 **계**절과 절기와 기후는 어떻게 다른가 **햇**수를 가리키는 여러 가지 말

제5장

시간, 계절 관련

낮과
밤의
경계는

2008년 2월 8일자 《조선일보》에 연합뉴스 기사를 인용하여 다음과 같은 제목의 기사가 실렸다.

"미 고속도로서 차 2000여 대 반나절 눈길 갇혀"

그런데 원래 연합뉴스 기사 제목은 "미 위스콘신 주 고속도로서 차량 2000대 눈길에 갇혀"라고 되어 있는 걸로 보아 《조선일보》편집자가 '반나절'이란 표현을 덧붙여 쓴 것 같다.

그렇다면 차량 2000대는 몇 시간 동안이나 눈길에 갇혀 있었던 것일까?

답은 연합뉴스 기사에 바로 나온다.

(연합뉴스) 겨울 폭풍이 미국 중서부를 강타한 가운데 위스콘신 주의 고속도로에서 2000여 대의 차량이 12시간 이상 눈길에 발이 묶이는 사태가 발생했다.

7일(현지시간) 위스콘신 주 《밀워키 저널 센티넬》의 보도에 따르면 전날 오후부터 90번 주간 고속도로의 매디슨에서 제인스빌까지의 19마일 구간에서 차량들이 밀리기 시작해 밤 11시에

는 모두 2053대의 차량이 고속도로에 갇혀 꼼짝 못하는 신세
가 됐다.

결국《조선일보》에 실린 '반나절'이란 12시간을 뜻하는
것임을 알 수 있다. 그럼 한 나절은 24시간이란 말이 된다.
물론《조선일보》편집자의 실수다. 이런 실수는 너무 많아서
그 예를 다 들 수도 없다.

《주간조선》1989호(2008년 1월 21일)에 실린 "기마민족의 기
상 세계에 알려야죠"라는 기사를 또 보자.

…… TV 사극을 보면 가끔 어이없을 때가 있는데 주인공이 서
양 말을 타고 달립니다. 서양 말은 오래 걷지 못해요. 그런데
조랑말은 힘이 좋아서 산도 잘 오르고 반나절 넘게 달려도 거
뜬합니다."

여기서 반나절이란 몇 시간일까?
조랑말은 하루에 최대 200킬로미터 내지 300킬로미터를
달린다. 빨리 달리면 시속 50킬로미터라고 하니, 이 거리는

대략 4시간 내지 6시간 걸린다. 최고 속도를 내지 않으면 그보다 더 걸린다. 아마도 보통 속도로 달리면 6시간 내지 8시간 달려야 할 거다. 그렇다면 6시간이나 8시간은 반나절이 될 수 없다. 그래서 이 기사도 틀렸다. 그는 아마도 반나절이 3시간이나 4시간인 줄 알았던 모양이다.

2008년 2월 6일자 《서울신문》 기사를 하나 더 보자.

김 부총리가 사의를 표명한 지 반나절도 채 안 돼 노무현 대통령은 사표를 전격 수리했다.

여기서는 반나절이 몇 시간일까? 답은 바로 아래 기사에 나오는데 신통찮다.

김 부총리는 4일 오후 5시 로스쿨 예비인가 최종안을 발표한 직후 문재인 청와대 비서실장에게 전화를 걸어 사의를 밝혔다. 이어 부총리 비서실장이 이날 저녁 사표를 청와대에 전달했다. 노 대통령은 다음 날인 5일 오전 사표를 곧바로 수리했다.

사표를 낸 시각은 4일 오후 5시고, 수리된 시각은 5일 오전이다. 대통령이 출근하자마자 오전 9시에 수리를 했다 치면 15시간이 걸렸다. 그렇다면 여기서 말하는 반나절은 15시간인가?

물론 틀렸다. 그뿐만 아니라 나절이라는 의미조차 틀리게 썼다. 나절은 낮 시간을 계량하는 시간 단위이지 밤 시간을 계량하는 단위가 아니다. 그러니 이 기자는 반나절이 무슨 뜻인지, 나절이 무슨 뜻인지 아무것도 모르고 엉망으로 쓴 것이다.

왜 이렇게 틀리게 쓰는 걸까?

이제 정확한 뜻을 알아보자.

하루는 낮과 밤으로 되어 있다. 밤은 쉬거나 잠을 자는 시간이기 때문에 1경, 2경, 3경과 같이 옛날식 구분법이 있었고, 오늘날처럼 24시간으로 시각을 구분하면 생활하는 데 별 지장이 없다. 하지만 낮은 점심을 기준으로 오전의 낮이 있고, 오후의 낮이 따로 있다. 인간이 가장 활동을 많이 하는 시간대이므로 구분이 필요하다.

그래서 낮 시간을 '나절'로 갈라 둘로 구분했다. 그러니

한나절은 하룻낮의 절반을 가리킨다. 절반을 가르는 기준은 정오다. 오시(11시 30분에서 1시 30분까지)의 중간이므로 12시 30분이 되겠지만, 현대적인 의미로는 12시를 기준으로 삼는다. 그래서 오전은 12시까지이고, 12시 이후는 오후가 된다. 오전 중 해가 떠 있는 시간이 한나절이 되고, 오후 중 해가 떠 있는 시간이 또 한나절이 되어 하룻낮은 두 나절이 된다.

오전, 오후란 어휘가 인간이 활동할 수 없는 야간까지 포함하고 있으므로 실제 활동 가능한 시간만 따지자는 의미에서 생긴 어휘가 나절이다.

2008년 하지인 6월 22일, 서울특별시 기상청 지역을 기준으로 보면 일출 시각은 05시 10분, 일몰 시각은 19시 55분이다. 그러면 오전 한나절은 6시간 50분이고, 오후 한나절은 7시간 55분이다.

2008년 동지인 12월 22일, 서울특별시 기상청 지역을 기준으로 보면 일출 시각은 07시 42분, 일몰 시각은 17시 17분이다. 그러면 오전 한나절은 4시간 18분이고, 오후 한나절은 5시간 17분이다.

이렇게 볼 때 가장 긴 한나절은 7시간 55분이고, 가장 짧은 한나절은 4시간 18분이다.

가끔 사전을 잘 보지 않는 용감한 방송인이나 신문기자들이 뜻도 모르고 '반나절'이란 말을 많이 쓰는데, 그들은 대부분 한나절을 그렇게 표현한다. 하루에 두 나절이 있다는 걸 모르기 때문이다.

반나절을 자를 수 없는 건 아니지만, 정확하게 따지기는 힘들다. 왜냐하면 오전 나절과 오후 나절이 다르고, 위도와 경도에 따라 다르고, 철에 따라 시간의 양이 달라지기 때문에 딱히 기준을 잡을 수가 없다. 대략 한나절의 절반이니 굳이 따져보자면 길 때는 4시간 가까이 되고, 짧을 때는 2시간 조금 넘는 정도다. 그러므로 이렇게 불분명한 시간 개념을 굳이 쓸 이유가 없다. 그냥 12시 정오를 기준으로 아침나절이나 오전나절, 저녁나절이나 오후나절이라고 하면 된다. 그래서 하룻낮은 두 나절이 된다.

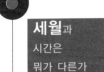

세월과
시간은
뭐가 다른가

세월歲月은 글자 그대로 해와 달 같은 큰 규모의 시간을 가리킨다. 세歲는 해, 즉 1년, 월月은 달, 즉 한 달을 뜻한다. 따라서 세월은 시와 분을 주로 말하는 '시간' 보다 크다.

CC BY-SA Alejandro Linares Garcia

시간과
시각은
어떻게 다른가

시각과 시간은 흔히 틀리기 쉬운 어휘다.

"지금 몇 시입니까?"

이때의 시時는 시각을 말하는데, 시간의 한 지점을 가리킨다. 따라서 시간이란 시의 양을 말한다. 과거, 현재, 미래를 잇는 시각의 띠 같은 것이다.

"노동자는 하루에 8시간 일한다.", "여기 오시는데 몇 시간 걸렸나요?" 이렇게 사용하는 것이다.

그러므로 "지금 시간이 몇 시지요?"가 아니라 "지금 시각이 몇 시지요?"라고 물어야 하고, "지금 시각은 오후 3시입니다.", "집회 시각은 오후 7시 30분입니다." 이렇게 대답해야 한다.

다시 정리해보자.

시간 : 어떤 시각에서 어떤 시각까지의 사이

시각 : 시간의 어느 한 시점

– 봄, 여름, 가을, 겨울의 기준

봄은
언제부터
언제까지를
말하나

계절을 나누는 전통적인 기준법으로 24절기가 있다. 이에 따르면 4계절은 각각 3개월씩으로 정해져 있다. 입춘, 입하, 입추, 입동이 각각 봄, 여름, 가을, 겨울이 시작되는 절기다. 그리고 해당 계절의 중심은 춘분, 하지, 추분, 동지다.

입춘 2월 4~5일, **우수** 2월 18~19일
경칩 3월 5~6일, **춘분** 3월 20~21일
청명 4월 4~5일, **곡우** 4월 20~21일

입하 5월 5~6일, **소만** 5월 21~22일

망종 6월 5~6일, **하지** 6월 21~22일

소서 7월 7~8일, **대서** 7월 22~23일

입추 8월 7~8일, **처서** 8월 23~24일

백로 9월 7~8일, **추분** 9월 23~24일

한로 10월 8~9일, **상강** 10월 23~24일

입동 11월 7~8일, **소설** 11월 22~23일

대설 12월 7~8일, **동지** 12월 21~22일

소한 1월 5~6일, **대한** 1월 20~21일

하지만 실제로는 여름과 겨울이 길고, 봄과 가을이 짧다.

야간(밤)이란

2009년 9월 24일 헌법재판소는 야간시위금지법이 헌법 불합치라는 판결을 내렸다.

야간이란 무엇인가 살펴본다.

야간은 우리말로는 밤이라고 하며, 사전적 정의는 '해가 진 뒤부터 먼동이 트기 전까지의 동안'을 일컫는다.

여론조사를 해보면 밤에 대한 의미는 저마다 다를 것이다. 6월에 밤 9시까지 들일을 하는 농부들은 그 시각을 야간이라고 생각하지 않을 것이다. 하지에는 오후 7시 53분(경기도 용인 기준)에 해가 지므로 그 시각까지 사물이 보이기 때문이다. 또 동지에는 오후 5시 16분(경기도 용인 기준)에 해가 져서, 회사원들 퇴근 시각인 오후 6시가 되기 전에 밤이 된다. 하지만 오후 5시 16분에 해가 졌다고 나머지 44분의 근로에 대해 야간 수당을 주지는 않는다. 야간은 여름 겨울 상관없이 오후 6시 이후 근무라고 사규와 통념으로 정해져 있기 때문이다. 그러니 여름에는 해가 떠 있는데도 야간 근무를 하는 셈이 된다.

이렇게 저마다 생각이 다를 때는 이를 법률로 정한다.

집회시위법 10조에 '해가 뜨기 전이나 해가 진 후엔 옥외 집회나 시위를 해서는 안 된다'고 규정한 것으로 보아, 우리 법은 야간의 정의를 '해가 져서 해가 뜰 때까지'로 규정하고 있는 것으로 여겨진다.

아마도 이런 생각은 조선시대 경점更點에서 비롯된 듯하다. 그때는 야간이 지금보다 더 구체적이었다. 먼저 야간을 3마디로 나누어 저녁에 해가 져서 1등성이 보일 때까지는 혼각昏刻, 아침에 별이 지고 해가 뜰 때까지를 신각晨刻(단므과 같음), 혼각과 신각을 뺀 나머지 시간을 야간이라고 했다. 이 야간 시간을 초경·1경·2경·3경·4경·5경으로 나누고, 한 경은 다섯 점으로 나누었다. 여름과 겨울은 야간 길이에 많은 차이가 나기 때문에 이 경점은 고정된 시각이 아니었으므로 매 경과 점에 각각 북과 징을 쳐서 시각을 알렸다.

그런데 오늘날 형법에서 다루는 야간은 조선시대보다 더 엄격해서 해가 지면 바로 시작되는 것이다. 이래놓고 시위를 하면 불법이라고 규정했으니 이건 국민 기본권을 침해한 것이라고 볼 수 있다.

다만 법률 개정 과정에서 논의되겠지만, 너무 늘려 잡은 현재의 야간 시간 규정이 잘못된 것이지 밤 12시고 밤 1시고 아무 때나 시위를 허용하여 시위를 하지 않는 다른 시민들의 권리를 방해해도 된다는 의미는 아니다. 사견이지만 밤 10시 이후라면 '확성기, 북, 꽹과리 등 소리 나는 도구를 이용한 시위'를 금지할 수 있어야 한다. 또 주택가라면 아이들이 잠드는 오후 8시 이후는 '소리를 이용한 시위'는 금지할 수 있다. 선거법에도 밤 10시 이후 유세는 금지하고 있다.

밤의 전통적인 정의를 오늘날 사용하는 시각으로 고쳐 계산하면, 밤은 해가 진 후 37분 30초 이후부터 다음 날 해가 뜨기 전 37분 30초까지다. 해가 없어도 질 때나 뜰 때나 37분 30초는 밤이 아닌 것이다. 따라서 해가 진다고 바로 밤이 되는 것은 아니다.

이를 좀 더 풀이하면 다음과 같다.

해가 진 이후 2.5각劾인 시점을 혼昏이라고 칭한다. 다음 날 해가 뜨기 전 2.5각인 시점을 단旦이라고 칭한다. 여기서 말하는 '각'은 요즘의 시간 단위로는 약 15분에 해당한다. 그리고 혼에서 단까지를 밤이라고 규정하고, 이 밤을 다섯 경으로 나누었고, 매 경은 다섯 점으로 나누었다.

따라서 오늘날의 시각으로 말하면, 해가 서쪽으로 지고 난 뒤 정확히 37분 30초 이후부터 다음 날 해가 동쪽에서 뜨기 전 37분 30초 이전까지를 '밤'이라고 정한 것이다.

결국 혼과 단 사이를 25등분으로 나누어 경과 점을 배당하면, 해가 지고 난 이후 2.5각의 시점인 혼이 곧 1경1점이 되고, 이후 1경2점, 1경3점, …… 5경4점, 5경5점으로 끝난다.

5경5점이 지나면 해가 다시 뜨기 전 2.5각의 시각인 단에 이르게 되는 것이다. 앞에서 혼의 시점을 1경1점이라고 칭하면서 시작했으므로, 마지막에는 5경5점이 단이 아니라 5경5점에서 1점이 지난 다음이 단이 되는 것이다.

그러면 1경과 1점의 길이를 오늘날의 시간 단위로 따지면 얼마나 될까? 1년의 길이도 바뀌고, 한 달의 길이도 바뀌고, 하루의 길이도 바뀌기 때문에 당연히 밤의 시간도 철마다 달라진다.

이처럼 조선시대에는 일출 일몰 시각에 관계없이 임의로 낮과 밤을 정해놓았다. 즉, 12진법으로 나눈 시간 중 술시를 1경으로 하여 인시 5경까지를 밤이라고 규정한 것이다.

술시(戌時) : 초경. 갑야甲夜. 오후 07:00~오후 09:00(서울 자

오선 기준. 현재 동경 기준으로는 32분 늦음)

해시(亥時) : 2경. 을야乙夜. 오후 09:00~오전 11:00

자시(子時) : 3경. 병야丙夜. 오후 11:00~오전 01:00

축시(丑時) : 4경. 정야丁夜. 오전 01:00~오전 03:00

인시(寅時) : 5경. 무야戊夜. 오전 03:00~오전 05:00

조선시대에는 이를 기초로 시간 개념이 자리를 잡았다.

그래서 출근은 묘시에 하고 퇴근은 유시에 했다. 다만 겨

울에는 낮이 짧아지기 때문에 출근은 진시로 늦춰지고 퇴근은 신시로 당겨졌다.

이러한 시간관념으로 볼 때 '야심하다'는 말의 '야심夜深'은 주로 자시, 즉 오후 11시에서 오전 1시까지를 가리킨다. 그러므로 임금이나 백성이나 야심이 시작되는 자시, 즉 오후 11시에는 잠에 들어야 한다. 그래서 임금이 잠자리에 드는 이 시각을 가리켜 병침丙枕이라고 했다.

일반적으로 낮과 밤의 길이는 계절에 따라서 변화하는데, 24절기 중에서 춘분(대략 3월 20일 전후)과 추분(대략 9월 23일 전후)에는 낮과 밤의 길이가 똑같지만 하지에는 낮의 길이가 밤에 비해 훨씬 길고, 동지에는 밤의 길이가 낮의 길이에 비해 훨씬 길다. 이처럼 밤의 길이는 계절에 따라 변화하므로 밤의 시간을 5등분한 경의 길이와, 25등분한 점의 길이도 계절에 따라 변화하게 마련이다.

다음의 표를 보면 동지의 밤(여기서는 일몰에서 일출까지 시간)은 하지보다 5시간 8분이나 길다.

- 24절기별 일출 일몰 시각

중기	일출~일몰 시각	일조 시간 (하지 기준 시간 증감/동지 기준 시간 증감)
우수 2월 18일 21시 45분	07시 16분~18시 12분	10시간 56분 (−3시간 48분 / +01시간 20분)
춘분 3월 20일 20시 43분	06시 35분~18시 41분	12시간 06분 (−2시간 38분 / +02시간 30분)
곡우 4월 20일 07시 44분	05시 50분~19시 09분	13시간 19분 (−01시간 25분 / +03시간 43분)
소만 5월 21일 06시 50분	05시 17분~19시 36분	14시간 19분 (−25분 / +04시간 43분)
하지 6월 21일 14시 45분	05시 09분~19시 53분	14시간 44분 (0분 / +05시간 08분)
대서 7월 23일 01시 35분	05시 26분~19시 45분	14시간 19분 (−25분 / +04시간 43분)
처서 8월 23일 08시 38분	05시 52분~19시 12분	13시간 20분 (−01시간 24분 / +03시간 44분)
추분 9월 23일 06시 18분	06시 18분~18시 26분	12시간 08분 (−02시간 36분 / +02시간 32분)
상강 10월 23일 15시 43분	06시 44분~17시 43분	10시간 59분 (−03시간 45분 / +01시간 25분)
소설 11월 22일 13시 22분	07시 15분~17시 16분	10시간 01분 (−04시간 43분 / +25분)
동지 12월 22일 02시 46분	07시 40분~17시 16분	09시간 36분 (−05시간 08분 / 0분)
대한 1월 20일 13시 27분	07시 41분~17시 41분	10시간 00분 (−04시간 44분 / +24분)

꼭두새벽은
몇 시일까

꼭두새벽은 몇 시부터일까?

물론 조선시대 시간 개념으로 이 시간도 구할 수 있다.

꼭두는 맨 앞이라는 뜻이다. 그러므로 낮의 맨 앞이다. 즉, 낮은 묘시부터 시작되므로 묘시가 시작될 때를 꼭두로 보아 묘시 1각 정도를 꼭두새벽이라고 할 수 있다.

현대 시각으로 묘시 1각은 오전 5시 1분에서 15분 사이다. 물론 서울시 기준이다. 동경시 기준으로는 5시 32분에서 47분 사이가 꼭두새벽이 된다.

계절과
절기와
기후는
어떻게 다른가

계절季節의 계季는 봄, 여름, 가을, 겨울의 4가지로 1년을 나눈 단위이다. 따라서 1년은 4계다. 1계는 3개월이다. 3개월 중 맨 앞 달을 맹孟, 그다음을 중仲, 마지막 달을 계季라고 한다.

절기節氣는 1년을 24로 나눈 것으로 계절의 표준이 된다. 1계에 6절이 있고 1년은 4계이므로 모두 24절이 되는 것이다. 그러면서도 절기 중 같은 달 안에 드는 두 절기 중 앞의 것을 절節이라 하고 뒤의 것을 기氣라고 한다. 이를테면 1월에 입춘과 우수가 들었다면 입춘이 절이고 우수가 기다.

기후氣候는 1년의 24절기와 72후를 통틀어 이르는 말이다. '기'는 15일, '후'는 5일을 뜻한다. 다시 말해 1년에는 72후가 있고, 1계에는 18후가 있고, 1월에는 6후가 있고, 1절이나 1기에는 각각 3후가 있다.

기후는 또한 기온, 비, 눈, 바람 따위의 대기 상태 또는 일정한 지역에서 여러 해에 걸쳐 나타난 기온, 비, 눈, 바람 따위의 평균 상태를 말하기도 한다.

오늘날 계절은 규칙적으로 되풀이되는 자연현상에 따라서 1년을 구분한 것으로, 일반적으로 온대 지방은 기온의 차이를 기준으로 하여 봄·여름·가을·겨울의 네 계절로 나누고, 열대 지방에서는 강우량을 기준으로 하여 건기와 우기로 나눈다. 천문학적으로는 춘분, 하지, 추분, 동지로 나눈다. 원래 뜻에서 '계'만 남고 '절'은 사라진 것이다.

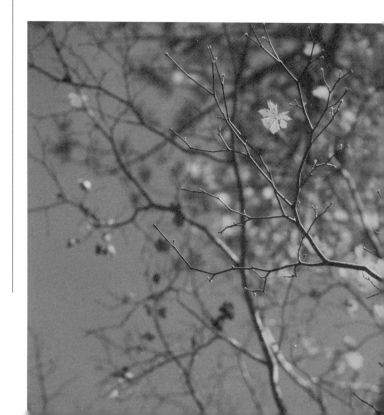

세世는 30년을 말한다. 내려 세는 단위. (예_ 7세손, 10세손)

기紀는 12년(목성의 천구 1주 시간)을 말한다. 달리 100년을 가리킬 때도 있다.

대代는 30년을 말한다. 올려 세는 단위. (예_ 5대조, 10대조)

연年은 벼의 재배 단위를 가리키는 것으로 1년을 말한다.

재載는 1년이다.

세歲는 1년이다.

영齡은 소의 이빨이 1년에 하나씩 난다고 하여 짐승의 나이 단위를 말한다.

사祀는 1년이다.

주周는 특정 해가 돌아오는 단위를 가리킨다. 돌이다.

세대世代는 30년이다.

연세年歲는 나이다.

연대年代는 10년 단위다. (예_ 1980년대, 1950년대)

세기世紀는 100년이다.

강(江), 하(河), 천(川)은 어떻게 구분하나 호수와 못은 어떻게 구분할까 언덕과 산을 가리키는 여러 가지 표현 갈가, 바닷가 등 물이 닿는 땅을 가리키는 여러 가지 말 평야는 얼마나 넓은 들을 가리킬까 해발 0미터의 기준은 어떻게 정하나 서울에서 부산까지 거리는 어디서 어디까지 잴까 강과 바다를 나누는 기준 지점은 어디인가 동해와 남해의 경계는 어디인가 서해와 황해의 차이는 아시아와 유럽의 기준은 어디인가 섬과 대륙의 차이는 뭘까 무덤을 가리키는 여러 가지 말 곡(谷)과 계(溪)는 어떻게 다른가

제6장

지리, 지형 관련

강(江), 하(河), 천(川)은 어떻게 구분하나

국어사전에는 강의 뜻풀이가 '육지를 가로질러 넓고 길게 흐르는 큰 물줄기. 내보다 큼'이라고 되어 있다. 내는 '시내보다는 크고 강보다는 작은, 평지를 흐르는 물줄기', 시내는 '골짜기나 평지에서 흐르는 자그마한 내', 호수는 '땅이 우묵하게 들어가 물이 괴어 있는 곳. 못이나 늪보다 넓고 깊음', 못은 '넓고 깊게 팬 땅에 늘 물이 괴어 있는, 호수보다 작은 크기의 곳' 등이다. 결국 크기가 기준이 되는 셈인데, 어느 정도의 크기냐고 묻는다면 역시 대답이 궁해진다. 결국 절대적인 기준이 있다기보다는 상대적이고 주관적이다.

강과 내를 구별하는 공식적인 기준이 있을까? 생각보다 무척 어려운 문제다. 미국의 예를 들면, 미국 정부는 정부 간행물에 나오는 지명의 철자를 표준화하기 위해, 1890년에 정부 부처 간 협의체 성격을 지닌 미국지명위원회(The United States Board on Geographic Names, BGN)를 출범시켰다. 이 기관에 따르자면 '한 줄로 이어져 육지 위를 지나가며 흐르는 물'을 가리키는 용어는 154개에 이른다. 사정이 이렇다 보니 강인지 내인지를 놓고 갑론을박한다는 것 자체가 의미 없어 보이기까지 한다. 물론 그런 많은 용어들 가운데 일부는 그 범위가 비교적 분명하다.

예컨대 본류에서 갈라져 나와 흐르다가 다시 본류로 돌아가 합쳐지는 지류를 애너브랜치anabranch라고 한다. 하지만 무척 모호한 경우도 많다. 예컨대 보그bogue라는 말은 미국 내 일부 지역에서는 늪을 가리키고 다른 지역에는 내를 가리킨다. 쿨리coulee라는 말은 루이지애나 주에서는 강이나 내를 가리키지만 몬태나 주에서는 말라버린 강 또는 강바닥을 가리킨다.

따라서 언제 어디에서나 동일하게 적용할 수 있는 강이나 내의 공식적인 기준은 없다고 할 수 있다. 미국지명위원회가 내놓은 해결책은 '한 줄로 이어져 육지 위를 지나가며 흐르는 물'을 통틀어서 스트림(stream; 우리말로 흐름, 내, 시내, 개울, 강 등으로 번역할 수 있다)이라고 할 뿐이다.

한자문화권에서 물길을 구분하는 방법을 알아보자.

가장 큰 물길인 강江과 하河는 '삼수변(氵)'에 붙은 공工과 가可의 차이로 구분한다. '공'은 '곧고 반듯하다'는 뜻으로, 項항은 반듯하고 곧은 목을 뜻하고, 功공은 일에 임해서 곧바로 힘쓰는 것을 뜻하고, 攻공은 곧바로 쳐들어간다는 의미다. 그래서 '강'은 물줄기가 곧다는 뜻으로 중국의 장강長江(양쯔 강)을 가리킨다.

'가'는 '굽다, 굴절한다'는 뜻으로, 何하는 사람이 짐을 지고 허리를 굽히는 형상이고, 柯가는 굽은 나뭇가지이며, 歌가는 굴곡이 있는 목소리, 奇기는 반듯하지 않고 굽어 있는 상태를 뜻한다. 그래서 '하'는 물길이 구불구불하다는 뜻으로 중국의 황하, 요하, 태자하 등이 그 예다.

따라서 특징으로 보면 강은 '직直'이요 하는 '곡曲'이다. 한반도에서는 하를 쓰지 않는다.

이 밖에 강이나 하의 지류를 수水라고 하며, 수의 지류를 천川이라고 한다. 물이 급히 흐르는 여울목을 탄灘, 물이 돌아 흐르는 물굽이를 회回라고 한다.

1861년 김정호가 제작한 <대동여지도>에는 강과 천만 표시되어 있다. 강은 배가 다닐 수 있는 물길로 두 개의 선으로 나타냈고, 천은 개울 정도로 보아 한 개의 선으로 나타냈다.

강의 지류인 수는 배는 다닐 수 없지만 물줄기가 긴 것으로

분류하여 역시 한 개의 선으로 나타냈다.

호수와
못은 어떻게
구분할까

– 호(湖), 지(池), 담(潭), 연(淵), 제(堤)

　　미국지명위원회는 '자연적으로 형성된 내륙 수면'을 호수로 규정하고 있다. 아울러 호수를 가리키는 54개의 다른 말들도 인정하고 있다.

　　오리건 주와 텍사스 주에서 볼 수 있는, 좁은 지역 안에 듬성듬성 생겨나 있는 웅덩이들을 가리키는 말로 차코charco가 있다. 유타 주에서 볼 수 있는, 내와 가까운 침수 지역을 가리키는 말로 거즐러guzzler가 있다. 뉴욕 센트럴파크 북쪽 끝의 물은 특별히 미어Meer라고 일컫는다. 결국 호수와 못의 차이는 처음 이름을 붙인 사람의 눈에 달려 있다고 해도 지나치지 않다.

　　미국지명위원회의 로저 페인은 이렇게 말한다. "매우 주관적이고 다분히 느낌에 좌우된다고 할 수 있습니다." 페인에 따르면, 미국 연방정부 차원에서 공식적으로 인정한 미국의 큰 못은 95개며 작은 호수는 1366개라고 한다.

　　우리 국어사전에 호수는 '땅이 우묵하게 들어가 물이 괴어 있는 곳. 못이나 늪보다 넓고 깊음', 못은 '넓고 깊게 팬 땅에

늘 물이 괴어 있는, 호수보다 작은 크기의 곳'으로 풀이하고 있다. 결국 크기가 기준이 되는 셈인데, 어느 정도의 크기냐고 묻는다면 역시 대답이 궁해진다. 결국 절대적인 기준이 있다기보다는 상대적이고 주관적이다. 지금으로서는 지명을 따를 수밖에 없다. 지명에 호湖가 붙으면 호수이고, 지池가 붙으면 못이다.

제堤는 인공으로 둑을 쌓아 만든 저수지를 가리킨다. 다만 의림지의 경우 둑을 약간 쌓기는 했으나 원래 호수가 있었기 때문에 의림지義林池로 표기한다. 백두산 천지天池는 못으로 보지만 한라산 백록담白鹿潭은 못보다 작은 담으로 표기한다. 연淵은 담보다 더 작은 웅덩이를 가리킨다.

언덕과 산을 가리키는 여러 가지 표현

– 봉(峰), 구(丘), 구(邱), 영(嶺), 현(峴), 치(峙)는 어떻게 다를까

얼마나 높아야 산이라고 할까?

영국에서는 1000피트, 즉 305미터 이상은 돼야 산mountain이라고 한다. 그 이하는 언덕hill이다.

영화 <언덕에 올라갔다가 산에서 내려온 영국인(The Englishman Who Went Up a Hill But Came Down a Mountain)>(아카데미상 외국영화 부문 수상)에서는 지도 제작자들이 1000피트

를 기준으로 하고 있기 때문에 흙을 져다가 고도를 높이는 일이 벌어지지만, 절대적인 높이보다는 그 지방의 풍경에 현저한 변화를 주느냐 안 주느냐에 따라 구별한다고도 한다. 따라서 그리 높지 않은 산도 평지에 솟아 있으면 마운틴이라 부르고 높은 산도 산악 지대에 있다면 힐이라고 부르기도 한다.

산이란 주변의 지면에 비해 높게 솟아 있는 지형을 일컫는 말이지만 지형학에서는 대체로 지면과의 고도 차이가 수백 미터 이상인 것을 산이라 부르고, 고도 차이가 100미터 이하의 비교적 낮은 것을 구릉이라 한다.

이 밖에 우리나라에서 전통적으로 언덕과 산을 가리키는 여러 가지 표현을 보자.

산山은 돌이 없는 높은 언덕이다.

악岳은 산보다 크고 높은 것. 바위산을 포함한다. (예_ 제주의 답인악)

봉峰은 산봉우리가 솟은 곳을 말한다. (예_ 무주의 삼도봉, 양주의 도봉)

영嶺은 재를 말한다. 산굽이 중 낮은 곳이다. 또는 산의 중

턱을 지나는 산길이다. 산의 어깨나 목 부분쯤에 나 있는 통로다. (예_ 대관령, 철령, 조령)

구坵는 돌이 있는 언덕이다.

구邱는 대구 지명에 쓰는 특수 한자다. 조선시대 유림들이 대구의 '구坵' 자가 공자의 본명인 공구孔丘의 '구' 자와 같다며 성인의 휘를 피해야 한다고 주장, 정조 3년 5월에 처음으로 쓰였다. 이후 계속 구邱로 쓰인다.

현峴은 영 위의 평탄한 곳, 즉 고갯마루다. 흔히 우리말로 ~고개라고 부른다. (예_ 서울의 아현동, 무너미고개, 까치고개)

치峙는 높은 언덕이다. 현보다 높다. (예_ 대치, 수리치, 우슬치)

- 포(浦), 진(津), 곶(串), 양(梁), 만(灣), 항(項)

강가, 바닷가 등 물이 닿는 땅을 가리키는 여러 가지 말

진津은 민물에서 나룻배를 대는 곳이다. (예_ 노량진)

포浦는 바닷물인 조수가 드나드는 곳이다. (예_ 영등포, 김포, 제물포, 마포)

다만 <대동여지도>에서 포는 동네 규모의 나루를 나타내

고, 진은 적어도 기초 행정 단위의 큰 나루를 나타낸다.

곶串은 땅이 바다 쪽으로 꼬챙이처럼 나간 곳이다. (예_ 장산곶, 대출곶)

만灣은 곶과 반대로 바다가 육지로 쑥 들어온 지형을 가리킨다. 조선시대에는 만이라는 표기가 없었다. (예_ 아산만, 영흥만)

양梁은 곶처럼 땅이 바다 쪽으로 나가긴 했지만 비교적 둥근 지역을 가리킨다. 따라서 어촌, 군사기지로서 안성맞춤이다. (예_ 견내량, 노량)

항項은 우리말로 '목'이라고 쓰이는데, 물살이 빠른 해협을 가리킨다. (예_ 노루목, 손돌항, 울돌목)

평야는
얼마나 넓은
들을 가리킬까

– 평(坪), 야(野), 벌(伐), 원(原), 뜰, 부리(夫里)

16제곱킬로미터 이내 기복량(起伏量: 높은 지점과 낮은 지점 사이의 높이차)이 150미터 이내인 평탄지를 평야라고 말한다. 주로 내륙 분지에 있다. (예_ 김제평야)

기복량이 더 작으면서 좁은 지역을 뜰이라고 한다. (예_ 경기도 용인 미륵뜰)

백제 강역이었던 지역에 뜰을 가리키는 부리夫里란 지명이 매우 흔하다. (예_ 충청남도 청양 고량부리)

원原은 평야에 해당한다. 다만 평야 중 취락 밀집 지역을 가리킨다. (예_ 원주, 강릉 옥원)

벌伐은 서라벌이 그 예인데, 역시 평야와 같은 뜻이다.

– 밀물 때와 썰물 때 바닷물의 높이는 다르다

산의 높이나 비행 고도 등을 가리킬 때 '해발 몇 미터'라고 한다. 해발고도는 말 그대로 해수면을 기준으로 잰 어떤 지점의 높이다.

우리나라에서는 수도 서울에서 가장 가까운 인천 앞바다를 '해발'의 기준으로 삼는다. 바닷물의 높이는 조석, 해류, 기압, 바람에 따라 늘 변하기 때문에 몇 년에 걸쳐 평균을 내면 '해발 0미터'인 기준수면을 얻는다.

그다음엔 이 기준을 가까운 육지 어디엔가 옮겨 표시해 놓는다. 이것이 '수준원점'이다. 수준원점은 해발고도의 기준이 되는 곳으로 평균해수면 0미터가 기준이다. 이는 만조선과 간조선의 중간인 평균해수면을 0미터로 기준삼고 있다. 수준원점은 편의상 육지에 그 기준점을 만들어 놓은 것으로 인천만의 평균 해수면으로 하였으며 수준원점의 실제 해발고도는 26.6871미터다.

우리나라의 수준원점은 인천 인하공업전문대학(인천광역시 남구 인하로 100) 화단에 설치되어 있고, 남한의 모든 해발고도를 측량할 때는 이 수준원점을 기준으로 한다. 이곳의 경위도는 37도 27분 20초N, 129도 40분 20초E이다. 북한은 원산 수준원점을 기준으로 사용한다고 한다.

우리나라 최초의 수준원점은 1917년 일제 토지조사국이 인천역 부근인 인천시 항동 12-13 유업동 철물상 내에 설치한 표고 5.477미터인 수준기점이 기초가 되었는데 이것이 망실되자 1963년 12월 2일 현재 위치에 이전 복원했다.

이후 국립지리원은 수준원점을 출발, 릴레이식으로 높이

를 비교해가며 국토 전역에 4킬로미터 간격의 1등 수준점과 2킬로미터 간격의 2등 수준점 등 5500개를 설치했다. 국도변이나 시골 학교 교정, 면사무소 화단 등지를 잘 살펴보면 소수점 4자리까지 해발고도가 적힌 대리석 수준점들을 발견할 수 있다.

우리나라의 주요 항구인 군산, 목포, 완도, 대흑산도, 속초, 인천, 서귀포, 추자도, 울릉도, 여수 등 22곳에 해수면의 높이를 재기 위한 검조소가 있으며 건설교통부 수로국에서 관리하고 있다.

서울에서 부산까지 거리는 477킬로미터다. 그렇다면 이 거리의 시점과 종점은 어디일까? 서울만 해도 남북 30.3킬로미터, 동서 36.78킬로미터다. 기준점에 따라 거리가 크게 달라진다. 부산 역시 마찬가지다. 그렇다면 어디서 어디까지 재는 걸까?

이러한 기준을 삼기 위해 나라마다 도로원점을 정한다. 미국은 워싱턴의 백악관 앞에 '제로 마일 스톤(Zero Mile Stone)'이라는 도로원표가 있고, 프랑스는 파리 노트르담 성당 앞에 '제로 포인트(Zero Point)'란 도로원표가 있다.

우리나라는 도로원표 설치를 법령으로 규정하고 있다. 도로법 시행령 제23조 1항에 따르면 도로원표는 특별시, 광역시, 시, 군에 각 1개를 설치하여야 한다. 또 같은 법 시행규칙 제15조 1항에 도청·시청·군청 등 행정의 중심지, 교통의 요충지, 역사적·문화적 중심지에 도로원표를 설치해야 한다고 되어 있다.

현재 서울시의 도로원표는 세종로 네거리 미관광장에 있다.

조선시대 도로의 기점은 종로구 와룡동 창덕궁 돈화문 앞이었다. 당시는 이곳이 나라의 중심이었기 때문이다. 1914년 4월 세종로 네거리(충무공 이순신 동상 자리)로 기점을 바꾸어 가로 90센티미터, 세로 30센티미터, 높이 70센티미터의 원표를 설치했다. 이후 세종로 도로를 확장함에 따라 1935년에 광화문 교보문고 빌딩 앞에 있는 '고종어극사십년칭경기념비' 옆으로 옮겼다.

화강암으로 만든 이 도로원표에는 앞쪽에 '道路元標', 왼쪽과 오른쪽에 '大邱 三二0粁, 大田 一八三粁, 釜山 四七七粁, 木浦 四三二粁……' 라는 글자가 세로쓰기로 음각되어 있다. 광화문 네거리를 중심으로 전국 주요 18개 도시와의 거리를 일본식 한자로 표기한 것이다. '粁(천)'은 킬로미터

제6장 자리, 자형 관련

를 뜻하는 일본식 조어로, 1米(미터)가 1000개 모여서 1粁(킬로미터)이 된다.

이후 서울시에서 1997년 12월 29일 세종로 네거리 미관 광장에 도로원표를 새로 설치했는데, 이 공식 원표는 실제 지점보다 남쪽으로 150미터가량 떨어져 있다. 이 자리는 해발 32.24미터, 동경 126도 58분 43.3297초, 북위 37도 33분 57.9658초다. 그러나 진표가 있는 실제 위치는 해발 30.36 미터, 동경 126도 58분 44.8018초, 북위 37도 34분 2.7474 초다.

도로원표는 원점이 차량이 통행하는 거리 중앙에 있을 때는 직경 50센티미터 동판에 음각한 진표를 설치하고 주변에 석재로 이표를 설치하게 되어 있는데, 서울시의 경우 세종문화회관 앞에 이표가 있다.

도로원표에는 주요 도시명과 거리를 표기한다. 거리 기준은 원표 간의 실제 거리이며, 다만 도서 지역은 직선거리를 표기한다. 고속도로 상의 거리 표시는 실제 고속도로 시점과 종점 간의 거리일 뿐 도로원표와 상관없다.

북한에서는 도로원표를 '나라길시작점'이라고 한다. 북한의 수도 평양의 도로원표는 평양시 중구역 김일성광장 주석

단 아래 중앙에 설치되어 있다.

우리나라 주요 도로원표

　부산 : 진표는 옛 부산시청 교차로 교통섬 안에 있고, 이표는 부산시청 안에 있다.

　대구 : 진표는 중앙로 대구지하철 1호선 중앙로역 북쪽 출입구 앞 네거리 중심에 있다. 이표는 경상감영(중앙공원) 종각 남쪽(대구우체국 건너)에 설치되어 있다.

　인천 : 항동의 개항 100주년 기념탑이 있는 자리에 있다.

　대전 : 진표는 서대전네거리역 2번 출구에, 이표는 서구 둔산동 대전시청 동문 쪽에 있다.

　광주 : 진표는 충장로 구성로 교차로에, 이표는 광주광역시청 평화공원에 있다.

지역	도시	진표		이표
서울		세종로 네거리	북위 37° 34′ 12.63″ 동경 126° 58′ 37.73″	세종문화회관
인천		한국 기독교 100주년 기념탑	북위 37° 28′ 24.5″?동경 126° 36′ 58.99″	한국 기독교 100주년 기념탑
	강화	미설치		미설치
대전		서대전네거리	진표:북위 36° 19′ 20.79″ 동경 127° 24′ 45.13″	대전광역시청
			이표:북위 36° 21′ 0.4″ 동경 127° 23′ 11.39″	
광주		충장로 구성로 교차로	진표:북위 35° 9′ 4.48″ 동경 126° 54′ 43.46″	광주광역시청 평화공원
			이표:북위 35° 9′ 30.47″ 동경 126° 51′ 5.79″	
부산		옛부산시청 교차로	북위 35° 5′ 52.82″ 동경 129° 2′ 7.53″	부산광역시청
대구		중앙로역 북편 네거리	북위 35° 52′ 19.53″ 동경 128° 35′ 39.21″	경상감영공원
울산		문화의거리 중앙길	진표:북위 35° 33′ 22.05″ 동경 129° 19′ 17.9″	울산광역시청
			이표:북위 35° 32′ 20.35″ 동경 129° 18′ 44.4″	
세종		죽림삼거리	북위 36° 35′ 21.58″ 동경 127° 17′ 59″	죽림삼거리
경기	가평	가평군청	북위 37° 49′ 52.78″ 동경 127° 30′ 36.78″	가평군청
	고양	고양시청	북위 37° 39′ 28.24″ 동경 126° 49′ 54.11″	고양시청
	과천	관문사거리	북위 37° 26′ 46.93″ 동경 126° 59′ 45.2″	관문사거리
	광명	광명시청	북위 37° 28′ 40.87″ 동경 126° 51′ 50.09″	광명시청
	광주	광주시청	북위 37° 25′ 40.2″ 동경 127° 15′ 20.98″	광주시청
	구리	교문사거리	진표:북위 37° 36′ 3.54″ 동경 127° 7′ 51.29″	교문사거리
			이표:북위 37° 36′ 2.8″ 동경 127° 7′ 50.3″	
	군포	중앙공원사거리	북위 37° 21′ 43.32″ 동경 126° 55′ 54.07″	중앙공원사거리
	김포	김포시청	북위 37° 36′ 56.32″ 동경 126° 42′ 59.78″	김포시청
	남양주	남양주시청	진표 : 북위 37° 38′ 7.15″ 동경 127° 12′ 59.78″	남양주시청 앞 교차로
			이표:북위 37° 38′ 6.46″ 동경 127° 13′ 0.42″	
	동두천	동두천시청	진표:북위 37° 54′ 11.87″ 동경 127° 3′ 38.24″	정장사거리
			이표:북위 37° 54′ 14.49″ 동경 127° 3′ 28.85″	
	부천	부천 중앙공원	북위 37° 30′ 5.19″ 동경 126° 45′ 57.65″	부천 중앙공원
	성남	성남종합운동장	북위 37° 25′ 55.87″ 동경 127° 8′ 12.74″	성남종합운동장
	수원	중동사거리	북위 37° 16′ 31.98″ 동경 127° 0′ 59.55″	중동사거리
	시흥	시흥시청	진표:북위 37° 22′ 46.39″ 동경 126° 48′ 9.46″	시흥시청
			이표:북위 37° 22′ 46.19″ 동경 126° 48′ 10.04″	
	안산	안산시청	북위 37° 19′ 17.15″ 동경 126° 49′ 51″	안산시청
	안성	봉산로터리	북위 37° 0′ 20.3″ 동경 127° 16′ 46.24″	안성시청
	안양	안양시청	북위 37° 23′ 38.16″ 동경 126° 57′ 29.71″	안양시청
	양주	양주시청	북위 37° 47′ 3.1″ 동경 127° 2′ 46.09″	양주시청
	여주	시청삼거리	북위 37° 17′ 50.66″ 동경 127° 38′ 14.32″	시청삼거리
	오산	운동장사거리	진표:북위 37° 9′ 17.41″ 동경 127° 4′ 20.02″	운동장사거리
			이표:북위 37° 9′ 20.87″ 동경 127° 4′ 21.98″	
	용인	처인구청	진표:북위 37° 14′ 5.06″ 동경 127° 12′ 5.45″	처인구청입구삼거리
			이표:북위 37° 14′ 5.47″ 동경 127° 12′ 5.87″	
	의왕	의왕시청	진표:북위 37° 20′ 40.51″ 동경 126° 58′ 8.41″	시청사거리
			이표:북위 37° 20′ 42.22″ 동경 126° 58′ 13.49″	

지역	도시	진표		이표
	의정부	의정부시청	진표:북위 37° 44′ 17.02″ 동경 127° 2′ 4.12″ 이표:북위 37° 44′ 17.04″ 동경 127° 2′ 5.68″	시청앞교차로
	이천	이천종합복지타운	북위 37° 16′ 39.41″ 동경 127° 26′ 28.95″	이천종합복지타운
	파주		이표:북위 37° 45′ 34.11″ 동경 126° 46′ 40.17″	시청앞사거리
	평택	평택역	북위 36° 59′ 30.08″ 동경 127° 5′ 11.89″	평택역오거리
	포천	포천시청	진표:북위 37° 54′ 27″ 동경 127° 12′ 12″	신읍사거리
	하남	신장지하차도 비너스사우나 앞 (하남대로 760 앞)	북위 37° 32′ 21.57″ 동경 127° 12′ 45.01″	신장지하차도
	화성	화성시청	북위 37° 11′ 55.42″ 동경 126° 49′ 49.44″	화성시청
	강릉	강릉시청	북위 37° 45′ 7.19″ 동경 128° 52′ 40.11″	강릉시청
	고성	고성군청	북위 38° 22′ 48.25″ 동경 128° 28′ 3.44″	고성군청
	동해	천곡사거리	북위 37° 31′ 33.09″ 동경 129° 6′ 17.49″	천곡사거리
	삼척	삼척시청	북위 37° 26′ 57.45″ 동경 129° 9′ 54.31″	삼척시청
	속초	속초시청	북위 38° 12′ 25.26″ 동경 128° 35′ 32.78″	속초시청
	양구	송죽모텔 앞(관공서로 6 앞)	북위 38° 6′ 23.16″ 동경 127° 59′ 25.11″	
	양양	양양군청	진표:북위 38° 4′ 29.8″ 동경 128° 37′ 8.69″ 이표:북위 38° 4′ 27.28″ 동경 128° 37′ 11.1″	군청사거리
	영월	영월군청	북위 37° 11′ 1.25″ 동경 128° 27′ 44.8″	영월군청
강원	원주	원주종합운동장	진표:북위 37° 20′ 11.12″ 동경 127° 56′ 37.88″ 이표:북위 37° 20′ 33.69″ 동경 127° 57′ 18.48″	남부시장사거리
	인제	인제군청	진표:북위 38° 4′ 7″ 동경 128° 10′ 16.9″ 이표:북위 38° 4′ 9.2″ 동경 128° 10′ 14.2″	인제문화원 앞 교차로
	정선	정선교육지원청	북위 37° 22′ 52.32″ 동경 128° 39′ 47.99″	정선교육지원청
	철원	철원군청	북위 38° 8′ 47.1″ 동경 127° 18′ 49.59″	철원군청
	철원(구)	철원 노동당사 근처	북위 38° 15′ 15.65″ 동경 127° 12′ 5.73″	철원 노동당사 근처
	춘천	중앙로터리 기업은행 앞	진표:북위 37° 52′ 50.7″ 동경 127° 43′ 39.5″ 이표:북위 37° 52′ 50.19″ 동경 127° 43′ 39.77″	중앙로터리
	태백	황지교사거리	진표:북위 37° 10′ 26.57″ 동경 128° 59′ 37.26″ 이표:북위 37° 9′ 50.1″ 동경 128° 59′ 9.79″	태백시청
	평창	평창군청	진표:북위 37° 22′ 12.35″ 동경 128° 23′ 23.72″ 이표:북위 37° 22′ 8.54″ 동경 128° 23′ 43.56″	평창우체국 앞 사거리
	홍천	홍천사거리 LG베스트샵 앞(홍천로 308 앞)	북위 37° 41′ 17.84″ 동경 127° 52′ 45.9″	홍천사거리
	화천	화천군청	북위 38° 6′ 20.86″ 동경 127° 42′ 29″	화천군청
	횡성	횡성군청	북위 37° 29′ 27.96″ 동경 127° 59′ 7.54″	횡성군청
	괴산	금산삼거리	북위 36° 48′ 17.45″ 동경 127° 47′ 30.87″	금산삼거리
충북	단양	별곡사거리	진표:북위 36° 59′ 10.85″ 동경 128° 22′ 8.03″ 이표:북위 36° 59′ 10.23″ 동경 128° 22′ 9.89″	별곡사거리
	보은	이평교사거리	북위 36° 29′ 23.27″ 동경 127° 43′ 19.2″	이평교사거리
	영동	부용사거리	북위 36° 10′ 24.01″ 동경 127° 46′ 26.96″	부용사거리

지역	도시	진표		이표
	옥천	옥천군청	북위 36° 18′ 22.34″ 동경 127° 34′ 18.43″	옥천군청
	음성		이표:북위 36° 56′ 9.49″ 동경 127° 41′ 21.15″	중앙로 예술로 분기점
	제천	중앙공원	진표:북위 37° 8′ 21.91″ 동경 128° 12′ 39.05″	제천시민회관앞 사거리
			이표:북위 37° 8′ 19.88″ 동경 128° 12′ 39.54″	
	증평	증평군청	북위 36° 47′ 8.6″ 동경 127° 34′ 53.83″	증평군청
	진천	중앙동로 대촌길 분기점	북위 36° 51′ 37.66″ 동경 127° 26′ 43.48″	중앙동로 대촌길 분기점
	청주	상당공원 충북도민헌장탑 앞	진표:북위 36° 38′ 13.75″ 동경 127° 29′ 27.04″	중앙초등학교 앞 사거리
			이표:북위 36° 38′ 5″ 동경 127° 29′ 33″	
	충주	근린공원	북위 36° 59′ 20.67″ 동경 127° 55′ 36.3″	근린공원
충남	계룡	계룡시청	북위 36° 16′ 30.02″ 동경 127° 14′ 57.86″	계룡시청
	공주	금강둔치 교차로	진표:북위 36° 28′ 1.82″ 동경 127° 8′ 1.01″	중동 교차로
			이표:북위 36° 27′ 23.66″ 동경 127° 7′ 29.12″	
	금산		이표:북위 36° 6′ 25.66″ 동경 127° 29′ 22.98″	금산사무소사거리
	논산	논산오거리	진표:북위 36° 12′ 7.83″ 동경 127° 5′ 10.78″	논산오거리
			이표:북위 36° 12′ 9.16″ 동경 127° 5′ 12.07″	
	당진	당진1교 교차로	북위 36° 53′ 32.24″ 동경 126° 37′ 30.77″	당진1교 교차로
	보령	수청사거리	진표:북위 36° 20′ 42.64″ 동경 126° 35′ 58.21″	수청사거리
			이표:북위 36° 20′ 41.74″ 동경 126° 35′ 57.6″	
	부여	부여군청	북위 36° 16′ 31.43″ 동경 126° 54′ 37.41″	부여군청
	서산	석림사거리	진표:북위 36° 46′ 32.33″ 동경 126° 27′ 51.4″	석림사거리
			이표:북위 36° 46′ 30.97″ 동경 126° 27′ 51.02″	
	서천	오석사거리	북위 36° 5′ 20.21″ 동경 126° 40′ 58.44″	오석사거리
	아산	동신사거리	북위 36° 46′ 44″ 동경 127° 1′ 8.22″	동신사거리
	예산	터미널사거리(산성리사거리)	북위 36° 41′ 32.7″ 동경 126° 50′ 9.48″	터미널사거리(산성리사거리)
	천안	도로원점삼거리	북위 36° 48′ 22.82″ 동경 127° 9′ 51.89″	도로원점삼거리
	청양	읍내사거리	북위 36° 27′ 3.52″ 동경 126° 48′ 9.84″	읍내사거리
	태안	태안시외버스터미널 앞	북위 36° 44′ 53.89″ 동경 126° 18′ 11.33″	태안시외버스터미널 앞
	홍성	홍주교 남쪽 하상주차장 (홍성읍 오관리 299-4)	북위 36° 36′ 4″ 동경 126° 40′ 0″	홍주교 남쪽 하상주차장
전북	고창	석교사거리	북위 35° 26′ 26.95″ 동경 126° 41′ 34.34″	석교사거리
	군산	군산시청	북위 35° 58′ 1.84″ 동경 126° 44′ 15.09″	군산시청
	김제	김제시청	북위 35° 48′ 17.14″ 동경 126° 52′ 52.91″	김제시청
	남원	향교오거리	진표:북위 35° 24′ 54.9″ 동경 127° 23′ 9.77″	향교오거리
			이표:북위 35° 24′ 54.54″ 동경 127° 23′ 10.43″	
	무주	무주우체국	북위 36° 0′ 22.28″ 동경 127° 39′ 40″	무주우체국
	부안	부안군청	북위 35° 43′ 53.3″ 동경 126° 44′ 2.57″	부안군청
	순창		이표:북위 35° 22′ 34.55″ 동경 127° 8′ 36.69″	중앙로사거리
	익산	익산시청	북위 35° 56′ 51.84″ 동경 126° 57′ 57.62″	익산시청
	임실	봉황로 운수로 분기점	북위 35° 36′ 59.2″ 동경 127° 16′ 55.44″	봉황로 운수로 분기점
	장수	장수군도로관리사무소 (시장로 50-18)	북위 35° 39′ 6.55″ 동경 127° 30′ 47.1″	장수군도로관리사무소

지역	도시	진표		이표
	전주	기업은행 전주지정읍시의회	진표:북위 35° 49′ 2.84″ 동경 127° 8′ 49 이표:북위 35° 49′ 24.98″ 동경 127° 8′ 53.47″	전주시청
	정읍	정읍시청	북위 35° 34′ 11.19″ 동경 126° 51′ 18.84″	정읍시의회 정읍시청
	진안	진안로터리 군민의탑	북위 35° 47′ 10.24″ 동경 127° 25′ 21.14″	진안로터리
	강진	동성사거리	북위 34° 38′ 24.97″ 동경 126° 46′ 38.38″	동성사거리
	고흥	보폐 고흥점 앞(고흥로 1737)	북위 34° 36′ 27.21″ 동경 127° 17′ 3.4″	보폐 고흥점 앞
	곡성	경찰서사거리	진표:북위 35° 17′ 2.16″ 동경 127° 17′ 59.96″ 이표:북위 35° 17′ 2.11″ 동경 127° 18′ 0.42″	경찰서사거리
	광양	시청사거리	진표:북위 34° 56′ 19.68″ 동경 127° 41′ 52.24″ 이표:북위 34° 56′ 19.11″ 동경 127° 41′ 53.1″	시청사거리
	구례	구례경찰서 앞 로터리	북위 35° 12′ 31.73″ 동경 127° 27′ 52.5″	구례경찰서 앞 로터리
	나주	나주시청 완사천	북위 35° 0′ 57.38″ 동경 126° 42′ 49.15″	나주시청 완사천
	담양	중파사거리	북위 35° 19′ 11.41″ 동경 126° 58′ 57.51″	중파사거리
	목포	유달동 교차로	북위 34° 47′ 12.76″ 동경 126° 22′ 56.15″	유달동 교차로
	무안	무안군청	북위 34° 59′ 27.3″ 동경 126° 28′ 51.23″	무안군청
	보성	보성역	북위 34° 46′ 2.2″ 동경 127° 4′ 54.3″	보성역
	순천		북위 34° 57′ 17.62″ 동경 127° 29′ 2.52″	중앙사거리
전 남	신안	장산도 북강선착장 (국도 제2호선 기점)	북위 34° 40′ 8.69″ 동경 126° 9′ 43.92″	장산도 북강선착장 (국도 제2호선 기점)
	여수	여수시청	북위 34° 45′ 39.09″ 동경 127° 39′ 46.2″	여수시청
	영광	영광군청 영광군의회	진표:북위 35° 16′ 38.16″ 동경 126° 30′ 45.51″ 이표:북위 35° 16′ 35.05″ 동경 126° 30′ 44.63″	군청사거리
	영암	영암실내체육관	진표:북위 34° 47′ 39.64″ 동경 126° 41′ 47.48″	정류장 교차로 남단
	완도	완도 교차로	북위 34° 19′ 51.6″ 동경 126° 44′ 0.81″	완도 교차로
	장성	장성군청	북위 35° 18′ 6.2″ 동경 126° 47′ 2.94″	장성군청
	장흥	장흥군민회관	북위 34° 40′ 34.04″ 동경 126° 54′ 31.78″	장흥군민회관
	진도	중앙한의원 앞 사거리 (남문길 34 앞)	북위 34° 28′ 51.72″ 동경 126° 15′ 49.74″	중앙한의원 앞 사거리
	함평	중앙길 영수길 분기점 (광성당 앞, 중앙길 119)	북위 35° 3′ 53.42″ 동경 126° 31′ 15.43″	중앙길 영수길 분기점 (광성당 앞, 중앙길 119)
	해남	해남군청 하늘재공원	북위 34° 34′ 21.6″ 동경 126° 35′ 55.24″	해남군청 하늘재공원
	화순	대광아파트 교차로	북위 35° 3′ 20.54″ 동경 126° 58′ 42.3″	대광아파트 교차로
	경산	경산시청	북위 35° 49′ 28.69″ 동경 128° 44′ 32.26″	경산시청
	경주	팔우정삼거리	북위 35° 50′ 27.08″ 동경 129° 13′ 2.83″	팔우정삼거리
	고령	대가야박물관	북위 35° 43′ 19.9″ 동경 128° 15′ 23.49″	대가야박물관
경 북	구미	수출산업의탑	진표:북위 36° 6′ 39.95″ 동경 128° 21′ 51.56″ 이표:북위 36° 7′ 10.99″ 동경 128° 21′ 15.84″	원평공원
	군위	군위군청	북위 36° 14′ 29.87″ 동경 128° 34′ 22.3″	군위군청
	김천	삼각로터리 분수대	북위 36° 7′ 9.37″ 동경 128° 7′ 27.47″	삼각로터리
	문경	문경시청	북위 36° 35′ 9.48″ 동경 128° 11′ 14.23″	문경시청

지역	도시	진표		이표
	봉화	봉화군보건소	북위 36°53′25.02″ 동경 128°44′29.95″	봉화군보건소
	상주	상주시의회	북위 36°24′57.66″ 동경 128°9′3.22″	상주시의회
	성주	군청삼거리	북위 35°55′8.03″ 동경 128°17′2.61″	군청삼거리
	안동	제일생명삼거리	진표:북위 36°33′48.27″ 동경 128°43′14.64″ 이표:북위 36°33′30.79″ 동경 128°43′14.26″	영호대교북단 교차로
	영덕	영덕버스터미널 뒤편 청련교 동단	북위 36°24′54.95″ 동경 129°22′21.37″	영덕버스터미널 뒤편 청련교 동단
	영양	농협사거리	진표:북위 36°39′56.78″ 동경 129°6′51.44″	영양군청 건너편
	영주	영주초등학교 교차로	북위 36°49′40.25″ 동경 128°37′28.24″	영주초등학교
	영천	영천시청	북위 35°58′20.37″ 동경 128°56′19.12″	영천시청
	예천	남본 교차로 (개심사지 오층석탑)	북위 36°39′5.16″ 동경 128°27′17.95″	남본 교차로 (개심사지 오층석탑)
	울진	에너지프라자 울진LPG충전소 (울진북로 331 앞)	북위 36°58′40.13″ 동경 129°23′48.33″	에너지프라자 울진LPG충전소 (울진북로 331 앞)
	의성	의성군청	북위 36°21′7.73″ 동경 128°41′47.85″	의성군청
	청도	청도군청	북위 35°38′51.72″ 동경 128°44′5.73″	청도군청
	청송		이표:북위 36°26′1.21″ 동경 129°3′22.48″	청송읍사무소 앞 교차로
	칠곡	칠곡군청	북위 35°59′42.12″ 동경 128°24′9.1″	칠곡군청
	포항	육거리	북위 36°2′26.03″ 동경 129°21′59.35″	육거리
경남	거제	6번 교차로	북위 34°53′28.68″ 동경 128°37′17.81″	고현항 부산행 여객선터미널
	거창	법원사거리	진표:북위 35°41′21.3″ 동경 127°54′33.16″ 이표:북위 35°41′13.09″ 동경 127°54′36.42″	거창군청
	김해	김해차량등록사업소	북위 35°15.69′ 동경 128°53′23.06″	김해차량등록사업소
	마산	마산합포구청(구 마산시청)	북위 35°11′49.83″ 동경 128°34′2.71″	마산합포구청(구 마산시청)
	밀양	밀양시청	북위 35°30′9.35″ 동경 128°44′47.2″	밀양시청
	사천	2호광장	북위 34°56′0.08″ 동경 128°4′38.01″	2호광장
	산청	산청군보건의료원 건너편 (친환경로2720번길)	북위 35°24′59.84″ 동경 127°53′2.01″	산청군보건의료원 건너편
	양산	남부사거리	북위 35°20′16.36″ 동경 129°2′19.36″	남부사거리
	의령	의령로 의령로24길 분기점	북위 35°19′18.39″ 동경 128°15′52.02″	
	진주	(구) 진주역	북위 35°10′42.81″ 동경 128°5′23.22″	진주역
	진해	진해이동우체국	북위 35°9′0.36″ 동경 128°41′49.61″	진해이동우체국
	창녕	오리정사거리	북위 35°32′34.21″ 동경 128°29′21.44″	오리정사거리
	창원	창원광장	북위 35°13′39.36″ 동경 128°40′51.38″	창원시청
	통영	통영시청	진표:북위 34°51′13.71″ 동경 128°26′2.09″ 이표:북위 34°51′24.07″ 동경 128°25′42.32″	무전사거리
	하동	비파삼거리	북위 35°4′15.14″ 동경 127°45′39.96″	비파삼거리
	함양	동문사거리 중앙	북위 35°31′13.58″ 동경 127°43′39.66″	동문사거리
제주	제주	제주시청	북위 33°29′57.28″ 동경 126°31′48.63″	제주시청
	서귀포	서귀포터미널삼거리	북위 33°14′59″ 동경 126°30′27.49″	서귀포터미널삼거리

* 이 표에서 진표란 원래 있던 지점, 이표는 도로 확장이나 건축 등의 이유
로 도로원표만 옮긴 것을 가리킨다.

    우리나라에는 길의 시작점인 도로원점과 별도로 땅의 위
치를 정하는 지리원점과 땅의 높이를 정하는 수준원점 두 가
지가 더 있다.

    지리원점은 1985년 12월 27일 경기도 수원시 팔달구 원천
동 동학산 국립지리원 구내에 동판으로 설치했다. 경위도 좌
표는 경도 127도 03분 05초 1451E, 위도 37도 16분 31초
9034N, 방위각 170도 58분 10초 190이다. 이 지리원점을 기
준으로 하여 거리를 측량해 가는 문제점을 해결하기 위해 삼
각점을 두어 경위도 원점을 기준으로 전국에 약 4킬로미터
간격으로 보조 경위도 원점을 설정해 놓았다.

강과
바다를 나누는
기준 지점은
어디인가

강과 바다의 경계는 정확히 구분할 수가 없다. 조수에 따라 달라지기 때문이다. 간조로 바닷물이 빠져나가면 민물이 바다까지 흘러 나가고, 만조로 바닷물이 강으로 올라온다. 그렇기 때문에 강도 아니고 바다도 아닌 이곳에서는 바

닷물과 민물에서 다 살 수 있는 동식물이 살고 있다.

군이 구분하자면 강이 끝나는 지점, 바다와 강이 만나는 지점을 경계선으로 잡아야 한다. 금강하굿둑처럼 둑을 쌓으면 이 둑을 경계로 삼을 수 있지만 그렇지 않은 경우가 대부분이다. 자연의 경계란 이렇듯 있는 듯 없고 없는 듯 있지만 인간의 경계는 너무 뚜렷하다.

CC BY jjw257

동해와
남해의 경계는
어디인가

국립해양조사원은 2013년 동해와 남해의 경계를 '부산광역시 부산항 부근 고두말까지 연안'이라고 정의한다고 밝혔다. 고두말은 부산광역시 해운대구 달맞이고개 인근 해안가가 동해와 남해를 가르는 수준이 된다.

그러나 해양 관련 각 기관이 모두 이 정의를 따르는 것은 아니다. 국립수산과학원은 울산 울기등대로, 기상청은 부산광역시와 울산광역시의 해양 경계점으로, 해양환경관리공단은 부산광역시 기장(북위 35.3도)으로 동해와 남해의 경계선을 정의하고 있다. 이 때문에 부산 남구와 해운대구가 동해와 남해의 경계 문제로 다투고 있다.

한편 서해와 남해의 경계는 제주도 차귀도 서쪽에서 진도 서쪽 끝을 잇는 직선으로 정했다. 서해의 남쪽 끝은 제주도 동쪽 끝 우도에서 일본 나가사키현에 있는 후쿠에 섬 남쪽 끝을 잇는 직선으로 정했다.

서해와 황해의 차이는

서해는 우리나라에서 관용적으로 부르는 명칭이고, 학술적으로나 국제적으로는 황해(Yellow Sea)라고 한다. 황해(黃海)는 중국 고유 명칭으로 발음은 '황하이'다. 다만 정부 잘못으로 우리나라도 황해를 공식 명칭으로 쓰고 있다. 서해의 남쪽 경계선은 일반적으로 제주도와 양쯔 강 하구를 연결하는 선이다.

황해 명칭은 어쩌다 공식화되었을까?

1961년 4월 22일 국방부 지리연구소에서 약 12만 4000여 개의 지명을 일괄 정리하여 고시한 적이 있다(국무원 고시 제16호/내무부 국립건설연구소 중앙지명위원회). 이때 국방부가 아무 생각도 없이 서해를 황해로 적은 것이다. 문제가 있다 하여 1965년에 외무부와 법무부 등 정부가 나서서 회의를 열었는데, 또다시 황해 명칭을 그대로 가져가기로 합의함으로써 이후 이 명칭은 그대로 확정되었다.

태생이 이러한 만큼 '황해'란 지명을 바라보는 시각은 중국과 한국이 아주 다르다.

중국은 황하와 요하 등에서 흘러나간 황톳물 때문에 바다가 누렇다 하여 황하라고 한다. 사실상 이게 정설이다. 그런데 한국에서는 바다가 얕아 흙탕물이 자주 생긴다 하여 황해라는 것이다. 견강부회다. 게다가 황해도의 황해가 그런 뜻이라고 주장하는 사람까지 있다. 중국인 중 아무도 동의하지 않는 억지다.

하지만 국방부에서 서해라는 우리 명칭을 버리고 중국 명칭인 황해를 받아들이기로 한 데는 동해 때문이라고 한다. 동해 명칭 문제로 일본과 싸우는 중인데, 서해를 고수하면 논리가 궁색해진다는 것이다. 한중이 합의하여 어느 나라에도 이롭지 않은 황해라는 명칭을 쓰듯이 동해도 마찬가지라는 억지 논리를 만들기 위해서다. 즉, 동해는 우리나라 동쪽에 있어서 동해가 아니라 유라시아 대륙의 동쪽에 있어서 동해라는 주장이다.

그럼 인도양은 남해인가? 대서양은 서해인가? 이래서 동해 표기 문제의 답이 안 나오는 것이다. 한국 외에 어떤 유라시아 국가도 동해를 동해라고 부르지 않는다. 말이 안 되니 따라오는 나라가 없다. 그러지 말고 푸른 바다라고 하든지, 평

화의 바다라고 하든지 한일 양국이 승복할 수 있는 이름을 지어야 한다. 일본은 일본해라고 우기고, 한국은 한국해니 동해니 하고 우기면 끝이 없다.

　이미 황해는 새 지명회의를 열어 고치기 전에는 어쩔 수가 없다. 그러니 우리가 한글로 쓸 때는 서해라고 하고, 영어로 쓸 때는 어쩔 수 없이 'Yellow sea'라고 쓸 수밖에 없다. 한 자는 당연히 적을 필요가 없다.

아시아와
유럽의 기준은
어디인가

지역을 기준으로 나누면, 러시아의 우랄 산맥 동쪽 시베리아 평원과 그 아래로 이어지는 카스피 해, 흑해, 지중해, 홍해를 거쳐 인도양으로 이어지는 지역이 유럽

과 아시아를 나누는 기준이 된다. 물론 이것은 과거 사람의 통행에 불편을 주던 높은 산이나 넓은 강, 바다를 기준으로 나눴던 것이다.

요즘은 인종이나 문화의 차이로 나누기도 한다. 러시아는 수도가 있는 모스크바가 동유럽에 속하기 때문에 러시아를 유럽으로 분류하고, 태평양의 섬나라들은 아시아 문화권으로 보는 등 지역적 구분과 조금 차이가 난다. 아시아태평양 국가APEC에 러시아가 포함되는 것은 이런 기준이 언제든지 변할 수 있다는 반증이다.

국경이 무의미해지는 국제화 시대에 인종의 차이는 매우 불분명하다고 할 수 있다. 터키만 하더라도 영토의 대부분과 수도, 인종이 아시아에 속하지만 실제로는 유럽 국가로 분류된다. 지금도 터키를 EU에 포함시킬지의 여부로 논란 중이다. 따라서 터키는 아직까지 아시아지만 언제 유럽이 될지 알 수가 없다.

– 왜 뉴질랜드는 섬이고 오스트레일리아
는 대륙일까

사면이 물로 둘러싸인 대륙보다
작은 땅을 섬island이라고 한다. 세
계에서 가장 큰 섬인 그린란드 면적
은 217만 5600제곱킬로미터. 그러므로 이보다 커야 대륙
이라고 할 수 있다. 참고로 우리나라 면적은 남북한 합쳐 22
만 제곱킬로미터다. 우리나라가 만일 아시아 대륙과 떨어져
있다면 섬이 되는 것이다.

그렇다면 바다에 암석rock이 조금만 솟아도 다 섬일까? 물
론 그 기준이 있다. 섬이 돼야만 영토로 인정되어 배타적 경
제수역EEZ을 설정할 수 있으므로 이 개념은 대단히 중요하
다. UN해양법 제121조에 명시된 암석의 요건을 보자.

인간의 거주 또는 독자적인 경제생활을 지속할 수 없는 암석은
EEZ 또는 대륙붕을 가질 수 없다.

따라서 섬이 되려면 인간의 거주 또는 독자적인 경제생활을 지속할 수 있어야 하는 것이다.

우리나라 독도가 섬이냐 암석이냐 하는 문제도 이 기준에 따른다. 면적이 총 18만 7554제곱미터인 독도에는 초목이 자라고 주거 공간은 물론 주변에 풍부한 수산자원이 있어 경제생활을 영위할 수 있다. 실제로 사람이 살기도 한다.

제6장 지리, 지형 관련

무덤을
가리키는
여러 가지 말

– 능(陵), 분(墳), 묘(墓), 원(園), 총(塚)은
어떻게 다른가

능陵은 임금이나 왕후의 무덤이다.

분墳은 흙을 쌓아 장식한 무덤이
다. 옛날에 서민이 죽으면 시신에
옷을 입혀 풀숲에 그냥 두는 조장鳥葬을 했는데, 이에 비해 귀
족들은 분에 시신을 묻었다.

묘墓는 분과 달리 나무를 심지 않고 흙을 쌓지 않은 무덤
이다.

원園은 왕세자, 왕세자빈, 왕의 부모이되 왕위에 오른 적이
없는 이의 무덤이다.

총塚은 옛 무덤 중 규모가 크지만 주인을 알 수 없는 무덤
이다. (예_ 천마총, 무용총)

곡(谷)과 계(溪)는 어떻게 다른가

곡谷과 계溪를 명확하게 구분 짓기는 어렵다.

칠곡, 곡산처럼 지명으로 쓰이는 경우에는 고을이라는 의미로 통한다. 산간 골짜기를 가리키지만 물이 흐르는 개념보다는 좁다는 공간 개념이 더 중시된 표현이다. 즉, 산간 고을로서 지형이 좁은 곳을 곡이라고 한다.

계는 무릉계처럼 물이 흐르는 골짜기 자체를 뜻한다.

점(占)을 가리키는 여러 가지 말 **흙** 모래, 자갈, 돌의 구분은 **은**행과 금고의 차이는 **얼**마나 빨리 걸으면 뛴다고 할 수 있나 **여**러 가지 스포츠 경기의 골인 기준은 **경**기(京畿)는 시대별로 바뀐다 **질**병이 완치됐다고 할 때 완치의 의미는 **병**원, 의원, 종합병원의 차이는 무엇일까 **대**기업과 중소기업의 차이는 **죄**를 얼마나 지어야 전과자가 되나 **비**행기는 동산일까, 부동산일까 **명**예훼손과 모욕은 다르다? **죄**인에 대한 조사를 가리키는 여러 가지 말 **형**벌의 형과 벌은 어떻게 다른가 **술** 마시는 행동을 가리키는 여러 가지 말

제7장

법률, 규정, 약속 등에 따른 구분

점(占)을
가리키는
여러 가지 말

점占은 서죽(筮竹: 무속에서, 점치는 데 쓰는 댓개비)으로 점을 치는 행위다.

복卜은 거북의 등딱지나 소나 말의 뼈를 태워 이때 갈라진 금을 보고 길흉을 판단하는 행위다. 이 금을 조兆라고 한다. 길조, 징조는 복에서 나온 말이다.

서筮는 시초(蓍草: 톱풀)나 서죽 따위로 《주역周易》의 괘를 뽑아 점사를 보는 것을 말한다. 점복占卜, 복서卜筮로 쓰인다.

점치는 식물 시초

중국 후한 때 허신이 편찬한 《설문해자說文解字》에 다음과 같은 기록이 있다.

시초는 쑥 종류다. 천 년을 살면서 300개의 줄기가 나온다. 《주역》에서는 이것을 가지고 점을 쳤다. 천자의 시초는 길이가 9척이고 제후는 7척, 대부는 5척, 사는 3척이다.

시초의 생장 기간은 100년 이상이라고 한다. 고대인은 시초가 100년 동안 한 그루에서 100개의 줄기를 낸다고 믿었다. 신령한 식물이므로 생장속도가 느리다고 생각한 것이다. 《주역》에서는 "천하의 길흉을 결정하고 천하의 사람들이 부지런히 일할 수 있도록 하는 것으로는 시초점이나 귀복龜卜보다 큰 것이 없다"고 했다.

당시에는 서법과 귀복이 분리되지 않았으므로 고대인은 시초와 거북 사이에 모종의 신비로운 관계가 있다고 생각했다. 《사기史記》<귀책열전>에 다음과 같은 기록이 있다.

> <전傳>에 이르기를, "위에 무성한 시초가 있으면 아래에 신령한 거북이 있다"고 했는데, …… 들리는 말에 따르면 "시초가 자라 뿌리가 100개가 되면 그 밑에는 반드시 신령한 거북이 있어 이를 지켜주고 그 위에는 항상 푸른 구름이 있어 이를 덮어준다"고 한다.

고대인은 시초와 거북 모두 수명이 길고 형상도 기이하므로 이것들을 신물神物로 삼아 점을 치는 데 사용했다.

흙,
모래, 자갈,
돌의 구분은

자갈, 모래, 진흙 따위를 구분하는 기준은 알갱이의 크기다. 일반적으로 자갈 지름은 2밀리미터 이상, 모래는 2~1/16밀리미터, 진흙은 1/16밀리미터 이하다.

한국공업규격(KS)에서는 다음과 같이 규정한다.

자갈 : 4.76밀리미터보다 큰 것

굵은 모래 : 0.25~4.76밀리미터까지

잔모래 : 0.005~0.25밀리미터까지

돌 : 2~25밀리미터까지(단 자갈보다 크다)

수석 : 50센티미터 이하

정원석 : 50센티미터 이상

은행과
금고의
차이는

새마을금고는 왜 은행이라는 용어를 쓰지 않을까? 그렇다. 새마을금고는 제2금융권이다. 제1금융권만이 은행이라는 용어를 쓸 수 있다.

제1금융권이란 특수은행, 일반은행, 지방은행 등이다.

제2금융권이란 보험회사, 신탁회사, 증권회사, 종합금융회사, 여신금융회사(카드사, 캐피탈, 할부 회사 등), 저축은행 등을 말한다.

제1금융권과 제2금융권을 합쳐 제도 금융권이라고 한다. 그 밖에 대부업체 등을 제3금융권이라고 하는데 정확한 용어는 아니다. 언론에서는 주로 '소비자금융'이라고 한다.

걷기와 뛰기의 기본적인 차이는 무엇일까?

뛰기에서는 두 발이 모두 땅을 딛지 않는 부분이 있지만, 걷기에서는 두 발이 모두 땅에 닿는다. 그래서 경보競步 대회에서는 '어느 한쪽의 발이 항상 지면에서 떨어지지 않게 해야 한다'는 규칙이 있다. 이를 어기면 뛰는 것으로 본다.

발을 옮기는 동안, 전진한 발이 뒷발을 지면에서 떼기 전에 지면에 닿아 있어야 한다. 또한 몸을 떠받치는 다리는 신체를 수직으로 곧추세운 자세에서 곧게 펴야 한다. 즉, 무릎을 굽히지 않아야 한다.

육상에서는 목, 팔, 다리, 머리, 손을 제외한 몸통(가슴)이 결승선을 통과하는 것을 가리킨다. 2016년 리우 올림픽 육상 여자 400미터 결승에서 2등으로 들어오던 밀러 선수가 다이빙을 하여 우승했다.

허들도 몸통 통과가 기준이다.

스피드 스케이트에서는 날이 결승선을 통과해야 한다. 특성상 날을 드는 경우가 많다. 이를 날차기라고 한다.

쇼트트랙에서는 스케이트 날이 결승선을 통과하는 것을 가리킨다. 다만 날이 바닥에 닿아 있어야 한다. 날이 들리면 센서가 감지를 하지 못한다. 날을 드는 날차기를 하면 다른 선수에게 위험하기 때문에 금지되어 있다.

스키 크로스에서는 신체 일부가 결승선을 통과하면 된다.

축구에서는 공이 골라인을 완전히 통과해야 한다. 골라인에 조금이라도 걸쳐 있거나 닿아 있으면 인정받지 못한다. 이 때문에 종종 오심이 일어난다.

경륜에서는 앞바퀴가 결승선에 닿아야 한다.

크로스컨트리 스키에서는 스키부츠가 결승선에 닿아야

한다.

F1 경주에서는 자동차 앞 센서가 결승선을 통과해야 한다.

경마에서는 말의 코끝이 결승선에 닿아야 한다.

CC BY-SA calflier001

경기(京畿)는 시대별로 바뀐다

경기도는 고려시대에도 있었고 조선시대에도 있었다. 그런데 경기는 서울의 인근 지역을 가리키는 말인데, 고려의 서울은 개성이고 조선의 서울은 한양이다. 그렇다면 고려의 경기도와 조선의 경기도는 어떻게 다를까?

고려시대의 경기

서울 개경을 중심으로 경현京縣 6개와 기현畿縣 7개를 설치했다. 1018년에 정식으로 경기라는 명칭이 생겼다. 1069년에 양광도, 교주도, 서해도의 39현을 떼어 경기에 포함시켰다.

조선시대의 경기

서울 한양을 중심으로 경기를 재편했다. 고려시대의 경기 중 수안, 곡주, 연안 등은 풍해도(황해도)로 보내고 대신 광주, 수원, 여주, 안성을 경기에 포함시켰다.

원래 '경京'이라는 글자는 천자天子가 도읍한 지역이란 뜻이고, '기畿'는 왕성을 중심으로 주변 500리를 뜻하는 말이다.

행정구역상으로 경기라는 명칭은 중국 당나라 때 왕도 주변 지역을 경현(또는 적현)과 기현으로 나눈 데서 비롯되었다.

우리나라에서는 고려시대인 995년(성종 14) 개경 주변을 6개의 경현과 7개의 기현으로 나누었는데, 1018년(현종 9) 이들을 묶어 경기라고 한 것이 시초이다.

1390년(공양왕 2) 경기도란 명칭을 부여하여 경기 좌우도로 나누었다가 조선 초기에 경기도로 합쳤다. 경기를 설치하는 목적은 수도 운영에 필요한 물자와 노동력을 확보하고 수도를 보호하기 위한 것이다. 현종 때 경기를 설치할 때부터 왕실의 비용을 충당하는 궁원전과 중앙 관청의 경비를 충당하는 공해전을 경기에 집중시켰다.

고려 경기의 주현主縣은 개성현이었으며, 개성현의 현령과 장단현의 현령이 경기를 분할 통치했다.

경기 중 주로 경현에 역대 왕과 왕후의 능을 조성했다.

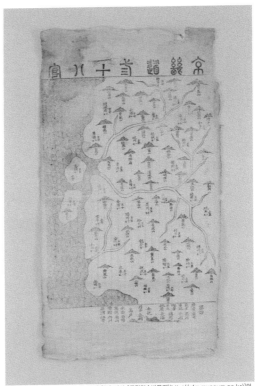

본 저작물은 공공누리 제1유형에 따라 [국립민속박물관(http://nfm.museum.go.kr)]의
공공저작물을 이용하였습니다.

감기 등 일반 질환의 완치는 담당 의사의 진단으로 결정한다. 하지만 보험사의 기준은 다르다. 완치 진단 후 일정 기간 재발이 없을 때를 완치라고 보며, 이 기준에 따라 보험 가입 자격 여부를 결정한다. 이 기준은 보험사마다 다르기 때문에 보험에 가입할 때는 반드시 확인해야 한다.

암의 경우에는 질병 진단일로부터 5년 이상 생존했을 때 완치되었다고 한다. 의학계에서 특정 질병에 대해 완치율 몇 퍼센트라고 말할 때는 이 기준을 따른다. 따라서 5년간 병상에서 투병을 하고 그다음 날 죽어도 완치되었다고 본다.

암의 완치 판정 기간을 5년으로 둔 것은 재발의 95퍼센트가 이 기간 내에 발생하기 때문이다. 5년이 지나 재발하는 경우는 5퍼센트에 불과하다.

병원, 의원, 종합병원의 차이는 무엇일까

법적으로는 입원 환자 20명 이상 수용할 수 있는 시설을 갖춘 기관을 병원, 이에 미치지 못하는 기관을 의원이라고 한다. 즉, 의원은 입원 치료는 못하는 곳이라고 이해하면 된다. 진료 과목과는 관련이 없다.

다만 종합병원이 되려면 조건이 더 까다로워, 의료법이 정한 다음의 조건을 충족해야 한다. 역시 입원 환자 수가 중요하고, 진료 과목 기준이 추가된다. 종합병원이 되면 건강보험료 수가가 달라지기 때문에 병원이나 의원보다 비싸다.

1) 입원환자 100인 이상을 수용할 수 있는 시설.

2) 내과, 외과, 소아과, 산부인과, 진단방사선과, 마취통증의학과, 진단검사의학과 또는 병리과, 정신과 및 치과를 포함한 9개 이상의 진료 과목.

다만 300병상 이하인 경우에는 내과, 외과, 소아과, 산부인과 중 3개 진료 과목, 진단방사선과, 마취통증의학과와 진단검사의학과 또는 병리과를 포함한 7개 이상의 진료 과목.

3) 제2호의 규정에 의한 각 진료 과목마다 전속하는 전문의.

다만 300병상을 초과하는 경우에는 제2호 본문의 규정에 의한
9개 진료 과목, 300병상 이하인 경우에는 제2호 단서의 규정에
의한 7개 진료과목에 한한다.

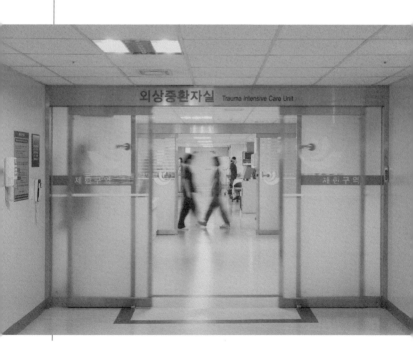

대기업과
중소기업의
차이는

중소기업기본법 시행령을 보면 상시 근로자 수와 자본금으로 중소기업과 대기업을 구분함을 알 수 있다. 업종에 따라 다르지만 제조업의 경우 상시 근로자 수가 300인 이상이고 자본금이 80억 원 이상이면 중소기업이 아니다. 즉, 그 수준부터는 바로 대기업인 셈이다.

다음은 중소기업기본법 시행령에 명시된 '중소기업의 업종별 상시 근로자 수, 자본금 또는 매출액의 규모 기준'(제3조 제1호 관련)이다.

1. 제조업 : 상시 근로자 수 300명 미만, 또는 자본금 80억 원 이하.

2. 광업, 건설업, 운송업 : 상시 근로자 수 300명 미만, 또는 자본금 30억 원 이하.

3. 대형 종합 소매업, 호텔업, 휴양콘도 운영업, 통신업, 정보처리 및 그 밖의 컴퓨터 운영 관련업, 엔지니어링 서비스업, 병원, 방송업 : 상시 근로자 수 300명 미만, 또는 매출액 300억 원 이하.

4. 종자 및 묘목 생산업, 어업, 전기, 가스 및 수도 사업, 의약품 및 정형외과용품 도매업, 연료 및 관련 제품 도매업, 통신판매업, 방문판매업, 여행 알선, 창고 및 운송 관련 서비스업, 전문, 과학 및 기술 서비스업, 사업지원 서비스업, 영화산업, 유원지 및 테마파크 운영업 : 상시 근로자 수 200명 미만, 또는 매출액 200억 원 이하.

**5. 도매 및 상품 중개업, 산업용 기계장비 임대업, 자연과학 연구 개발업, 공연 산업, 뉴스 제공업, 식물원·동물원 및

자연공원, 하수처리, 폐기물처리 및 청소 관련 서비스업 : 상시 근로자 수 100명 미만, 또는 매출액 100억 원 이하.

6. 그 밖의 모든 업종 : 상시 근로자 수 50명 미만, 또는 매출액 50억 원 이하.

* 해당 업종의 분류 및 분류부호는 통계법 제17조에 따라 통계청장이 고시(2000년 1월 7일)한 한국표준산업분류에 따른다.

죄를
얼마나 지어야
전과자가 되나

전과자란 어떤 사람을 가리키는 말일까?

전과자란 '형 실효 등에 관한 법률'에 따라 수형인 명부, 수형인 명표, 범죄 자료표 세 가지에 이름이 올라가 있는 사람을 말한다. 그런데 법률적인 전과자는 수형인 명부와 수형인 명표에 이름이 등재되는 경우이고, 범죄 자료표에 등재된 경우는 전과자로서 받아야 하는 불이익을 전혀 받지 않는다.

전과자의 기준이 되는 수형인 명부나 수형인 명표는 자격 정지 이상의 형을 받은 경우에만 이름이 올라간다. 자격정지 이상의 형이란 사형, 징역, 금고, 자격상실, 자격정지를 가리킨다. 그다음의 벌금형 등은 해당되지 않는다. 수형인 명부는 검찰청이 보관하고, 수형인 명표는 수형인의 본적지 시군구 사무소에서 관리한다.

형법에서는 전과자에게 다음과 같은 불이익을 준다고 규정하고 있다.

제7장 법률, 규정, 약속 등에 따른 구분

●제43조(형의 선고와 자격상실, 자격정지)

① 사형, 무기징역 또는 무기금고의 판결을 받은 자는 다음에 기재한 자격을 상실한다.

1. 공무원이 되는 자격.

또 국가공무원법에는 다음과 같은 조항이 있다.

●제33조(결격사유)

① 다음의 각호의 1에 해당하는 자는 공무원에 임용될 수 없다.

1. 금치산자 또는 한정치산자.

2. 파산자로서 복권되지 아니한 자.

3. 금고 이상의 형을 받고 그 집행이 종료되거나 집행을 받지 아니하기로 확정된 후 5년을 경과하지 아니한 자.

4. 금고 이상의 형을 받고 그 집행유예의 기간이 완료된 날로부터 2년을 경과하지 아니한 자.

5. 금고 이상의 형의 선고유예를 받는 경우에 그 선고유예 기간 중에 있는 자.

6. 법원의 판결 또는 다른 법률에 의하여 자격이 상실 또는 정지된 자.

7. 징계에 의하여 파면의 처분을 받은 때로부터 5년을 경과하
지 아니한 자.

8. 징계에 의하여 해임의 처분을 받은 때로부터 3년을 경과하
지 아니한 자.

따라서 형벌로 벌금형을 받아 범죄 자료표에 올라가더라
도 공무원 시험 응시 자격이 제한되는 등의 불이익은 없다.

또한 벌금형 등은 2년이 지나면 실효가 된다. 3년을 초과
하는 징역이나 금고는 10년, 3년 이하의 징역이나 금고는 5
년이 경과하면 역시 전과자 기록에서 해제된다.

비행기는
동산일까,
부동산일까

부동산 이외의 물건은 모두 동산이다. 심지어 전기 등 관리할 수 있는 모든 자연력도 동산이다. 토지에 부착된 물건, 즉 지상물이라도 정착물이 아닌 경우에는 동산으로 본다.

그러나 토지와 그의 정착물은 부동산이다. 토지의 구성물인 암석, 토사, 지하수 등은 토지의 구성 부분으로서 별개의 물건이 아니지만, 미채굴의 광물은 국유에 속하고 광업권의 객체가 된다.

토지의 정착물로서 건물은 언제나 토지로부터 독립된 별개의 부동산이 된다. 다만 수목樹木은 입목에 관한 법률에 따라 등기되면 별개의 부동산이 된다.

수확하지 않은 상태의 과실은 관습법상의 명인방법(明認方法: 소유권이 누구에게 있는지 밝히는 것)을 갖춘 때에 토지로부터 독립된 별개의 부동산으로 취급한다.

농작물의 경우 다른 사람의 토지에 경작한 때에는 토지로부터 독립된 별개의 부동산으로 된다.

항공기는 등기를 하기 때문에 부동산에 속하며, 선박도 20톤 이상은 등기를 하는 부동산이 된다. 따라서 20톤 이하 선박은 등기가 필요 없는 동산이다.

2011년 6월 2일 초대형 여객기 A380이 도입되었는데, 이 경우 부동산 등기를 해야 하기 때문에 각 지방 자치단체들이 이를 유치하기 위해 경쟁을 벌였다고 한다. 지방세법에 항공기의 재산세는 '정치장(항공기 등록지로 차고지와 비슷한 개념)의 소재지를 관할하는 시군구에 부과한다'고 명시돼 있으며, A380은 한 대 가격이 약 4000억 원 수준으로 A380의 등록지 시군구는 한 해 약 8억 원가량의 세금을 거둘 수 있다.

명예훼손과
모욕은
다르다?

명예훼손과 모욕은 형법상 전혀 다른 죄로 규정되어 있다. 법률상으로만 보아도 명예훼손은 '사실을 적시' 한다는 말이 더 들어가 있는데, '사실의 적시' 란 '사람의 사회적 평가 내지 가치를 저하시키는 데 충분한 사실을 구체적으로 가리키는 것' 을 말한다. 사실이 아닌 것을 말해도 역시 명예훼손이 성립한다.

이와 달리 모욕은 구체적인 욕설이나 사회 평판을 나쁘게 표현하는 '사기꾼', '개새끼', '씨팔놈' 등 비속어 등의 사용만으로도 구성될 수 있다.

명예훼손과 모욕에 대한 법 정의는 이러하다.

형법 제307조(명예훼손)

① 공연히 사실을 적시하여 사람의 명예를 훼손한 자는 2년 이하의 징역이나 금고 또는 500만 원 이하의 벌금에 처한다.

② 공연히 허위의 사실을 적시하여 사람의 명예를 훼손한 자는 5년 이하의 징역, 10년 이하의 자격정지 또는 1천만 원 이하의

벌금에 처한다.

형법 제311조(모욕)

공연히 사람을 모욕한 자는 1년 이하의 징역이나 금고 또는

200만 원 이하의 벌금에 처한다.

죄인에 대한 조사를 가리키는 여러 가지 말

신訊은 따져 묻는 것이다.

문問은 묻는 것이다.

고拷는 자백을 받기 위해 세게 때리는 것이다.

심審은 살피는 것이다.

신문訊問은 알고 있는 사실을 캐어묻거나, 법원이나 기타 국가 기관이 어떤 사건에 관하여 증인, 당사자, 피고인 등에게 말로 물어 조사하는 일이다.

고문拷問은 신문의 한 가지로, 숨기고 있는 사실을 강제로 알아내기 위하여 육체적 고통을 주며 신문하는 것이다.

심문審問은 자세히 따져 묻거나, 법원이 당사자나 그 밖에 이해관계가 있는 사람에게 서면이나 구두로 개별적으로 진술할 기회를 주는 일이다.

형벌刑罰의 형刑은 목을 자르는 참수斬首, 몸을 수레 두 대에 묶어 찢는 거열車裂, 무수히 칼질을 하되 죽지는 않도록 며칠을 두고 고통을 주는 능지凌遲처럼 몸에 위해를 가하는 처벌이다. 이에 비해 형벌의 벌罰은 징역을 비롯해 유배, 벌금 등 죽이거나 상해를 입히지 않는 처벌을 가리킨다. 오늘날 한국어에서는 형과 벌을 구분하지 않는다.

형의 종류를 살펴보자.

거열(車裂) : 수레 두 대에 사지와 목을 묶어 찢어 죽인다. 소 다섯 마리에 사지와 목을 묶어 찢어 죽이면 오우분시五牛分屍, 수레를 말 다섯 마리가 끌면 오마분시가 된다.

괵형(馘刑) : 도끼로 머리를 잘라내어 장대에 꿰어 내거는 형이다. 후에 명칭이 효수형으로 바뀌었다.

궁형(宮刑) : 남자 생식기에 가해지는 형이다. 고환을 절개해 꺼내고 사정관을 없애 남자 구실을 못하도록 만들었다. 대개 음경은 소변 배설을 위해 그대로 둔다. 궁혈에서 내시들에게 행해지던 것으로, 상처가 아물 때 썩은 내가 난다 하여

부형腐刑이라고도 한다. 중국 한 무제 때 역사가 사마천이 이 형을 받았다.

능지(凌遲) : 무수히 칼질을 하되 바로 죽지는 않도록 며칠을 두고 고통을 주는 잔인한 형이다. 최대 6000번까지 칼을 찔렀다는 기록이 있으며, 최하 500번 이상 찔러야 한다. 능지처사凌遲處死, 능지처참凌遲處斬이라고도 한다. 능지 중 살점을 회를 뜨듯 떠내어 죽이는 형이 과형剮刑이다. 평균 3600번 정도 살을 발라내어 죽인다고 한다.

단설(斷舌) : 혀를 뽑아내는 형이다.

단수(斷手) : 손목을 자르는 형이다. 시기와 질투가 심한 궁녀에게 주로 행해졌다.

단지(斷指) : 손가락을 자르는 형이다.

단향형(檀香刑) : 참기름으로 삶은 박달나무를 항문에 넣어 목구멍으로 나오게 하여 며칠을 두고 천천히 죽게 하는 형이다.

박피(剝皮) : 사람의 피부, 즉 가죽을 벗겨내어 죽이는 형이다. 이렇게 벗겨낸 가죽으로 북을 만들거나, 가죽 안에 짚을 넣은 인형을 만들어 거리에 세워두기도 했다. 박피형을 받은 사람은 가죽이 벗겨진 뒤에도 이틀 정도 고통스럽게 숨이 붙어 있다가 죽었다고 한다.

알안(挖眼) : 눈을 도려낸다는 뜻인데 실제로는 눈알을 칼로 도려내는 형이다. 눈알을 뽑는다는 의미로 알안挖眼이라고도 한다. 주로 왕이나 황제의 명으로 집행했다. 간통한 사가의 여성들에게 이 형을 집행하기도 했다.

요참(腰斬) : 허리를 끊어 죽이는 형이다.

월형(刖刑) : 발꿈치를 도끼로 찍어 잘라내는 형이다. 주로 도둑들에게 쓰였는데, 다시는 걷지 못하고 기어서 다녀야 한다. 전국시대 방연이 손빈에게 내린 형으로 유명하다.

유탕(油湯) : 산 사람을 기름이 끓는 솥에 넣어 튀겨 죽이는 형이다.

유폐(幽閉) : 여성의 질 입구를 꿰매는 형이다. 그 밖에도 자궁을 꺼낸다든가, 여성의 성기능을 없애려는 비밀스런 방법이 있었다고는 하나 잘 알려지지 않는다.

의형(劓刑) : 코를 베어내는 형이다. 간음한 사람에게 주로 쓰였다.

찰지(拶指) : 손가락 사이사이에 대나무 조각을 넣어 비트는 것으로, 손가락뼈가 부서지거나 잘려 나간다. 이때 쓰는 대나무 조각은 고대에 종이 삼아 글을 적던 죽간竹簡이다.

참수(斬首) : 도끼나 칼로 목을 자르는 형이다. 초기에는 도끼로 목을 잘랐고, 후에 칼이 발달하면서 언월도가 쓰였다. 참수 전 목 주변에 석회가루를 뿌리고 귀에 화살을 꽂았다. 목이 한 번에 잘려지지 않으면 톱으로 써는 경우도 있었다. 죄수의 가족들은 솜씨 좋은 망나니에게 죄수의 목을 단칼에 베어달라고 뇌물을 쓰며 부탁하기도 했다.

침수(沈水) : 산 사람을 포대에 넣어 물에 빠뜨려 죽이는 형이다.

팽자(烹炙) : 팽형烹刑이라고도 한다. 가마솥에 물을 끓인

다음 사람을 산 채로 넣어 죽이는 형이다. 형 집행 뒤에 인육을 먹는 관습이 있었는데, 이런 이유로 육장肉醬이라고도 불린다.

포락(炮烙) : 뜨겁게 데운 철판 위를 걷게 한다든가, 뜨겁게 달군 쇠기둥을 밟고 건너게 하는 형이다. 발바닥이 달군 쇠에 들러붙었으며, 설사 건넌다 해도 칼로 쳐서 죽였다.

해(醢) : 사람을 죽인 뒤 고기를 발라내어 젓갈을 담그는 형이다. 공자가 이 해를 즐겨 먹었다는 기록이 있다. 한나라 개국공신 팽월彭越이 이 형을 받았다.

효수(梟首) : 원래 도끼로 머리를 잘라내어 장대에 꿰어 내걸던 괵형의 명칭이 효수로 바뀌었다. 이렇게 잘린 머리를 내거는 걸 효시梟示라고 했다. '효'는 올빼미를 가리키는데, 죽은 자의 머리가 마치 까만 올빼미 같다 하여 붙은 명칭이다.

술 마시는 행동을 가리키는 여러 가지 말

수酬는 (격식 차리지 않는 사이에) 술을 받고 다시 주는 것이다.

작酌은 (왕이 신하에게 또는 신하가 왕에게) 술잔을 올리거나 받는 것이다.

짐斟은 술잔을 서로 주고받는 것이다.

수작酬酌은 서로 말을 주고받음 또는 남의 말이나 행동이나 계획을 낮잡아 이른다는 뜻이 더해졌고, 짐작斟酌은 사정이나 형편 따위를 어림잡아 헤아린다는 뜻으로 변했다.

CC BY Jon Åslund from sweden

전멸했다는 건 얼마나 죽었다는 말일까　소리와 소음의 차이는　길, 로, 대로는 어떻게 다른가　국, 탕, 전골, 찌개의 차이는　책의 기준은 무엇인가　조세의 조와 세는 무엇이 다른가　귀신과 혼백은 어떻게 다른가　사전(事典)과 사전(辭典)은 어떻게 다른가　소리를 가리키는 여러 가지 말　글을 가리키는 말

제8장

어휘에 따른 구분

– 전멸, 괴멸, 해산, 재편성

전멸했다는 건
얼마나
죽었다는
말일까

전멸全滅이란 말 그대로 모두 죽
거나 없어졌다는 뜻이다. 주로 군에
서 쓰는데, 공군과 육군이 사용하는
전멸의 기준 비율은 약간 다르다. 같은 육군이라도 포병과
보병에서 쓰는 의미도 다르다.

정확한 구분은 없지만 보병의 경우 대략 30퍼센트의 전사
자가 나오면 전멸이라고 한다. 전사자가 30퍼센트가 나올 정

도면 부상자는 대략 60퍼센트 이상이기 때문에 부대 기능을 못하는 것으로 본다. 나머지 10퍼센트가 생존했다고 해도 사상자 구조 인원도 안 되기 때문에 실질적으로 전투 능력을 상실한 것으로 보아 '전멸했다'고 한다.

이런 상황이 발생하면 부대 해산, 부대 재편성이 있게 된다.

소리와
소음의
차이는

소리는 음원에 의해 생성되어 주변의 공기 분자를 움직이는 파동이다. 이 파동은 음원에서 더 멀리 떨어진 다른 공기 분자로 확산된다.

음파는 공기 속에서 초당 340미터의 속도로 전파된다. 액체와 고체 속에서는 전파 속도가 더 빠르다. 물속에서는 초당 1500미터, 강철 속에서는 초당 5000미터 속도로 전파된다.

소음도 기본적으로 소리다.

소음 노출의 위험에 관한 유럽 지침European Directive 2003/10/EC는 최대한도를 하루 8시간 작업을 기준으로 87dB(A) Leq로 규정하고 있다. 프랑스, 스웨덴, 노르웨이, 뉴질랜드, 스페인은 하루 8시간을 기준으로 85dB(A) Leq와 3dB(A)의 교환율을 허용하는 한편, 미국은 하루 8시간을 기준으로 90dB(A)와 5dB(A)의 교환율을 허용한다. 교환율이 3dB(A)이라고 할 때, 이는 소음도가 3dB(A) 증가한 사람이 해당 소음에 노출될 수 있는 시간이 절반으로 감소하는 걸 의미한다.

영국은 2005년에 제정된 직장 소음 억제법을 통해 8시간 노출을 기준으로 유럽 지침과 같은 87dB(A) Leq를 한도로 설정했다.

미국의 NIOSH(National Institute for Occupational Safety and Health; 국립직업안전보건연구소)는 청각 손상의 위험을 최소화하려면 작업자가 노출되는 등가소음도(Leq)를 하루 8시간을 기준으로 85dB(A)로 제한할 것을 권장한다.

각종 소음 기준

벽시계 30dB

조용한 공원 35dB → 영향 없음

냉장고 가동 중 소리 40dB → 수면 질 저하

백화점, 식당, 사무실 50~60dB → 호흡과 맥박 증가, 계산력
    저하, 수면 질 매우 저하

연설, 유세 65dB → 집중력 저하

타자기, 전화벨 소리, 차량이 다니는 도로변 70dB → 청력 손
    실 현상 일어나기 시작

철도변 80dB

방직공장 내 90dB → 소변량 증가

우리나라 국토부와 환경부는 2014년 5월부터 아파트 충간

소음을 낮 시간 1분 평균 43dB로 제한했다. 이 기준에 따르면 화장실이나 부엌의 순간 배수 소음은 제외된다. 이 기준에 따르면 1분 등가소음도는 주간 43dB, 야간 38dB, 최고소음도(Lmax)는 주간 57dB, 야간 52dB이다.

43dB은 체중 28킬로그램의 어린이가 1분간 계속해서 뛸 때 나는 정도의 소음이다. 즉, 이 어린이가 1분 이상 뛰면 소음으로 보고, 규칙 위반에 해당된다. 38dB은 체중 28킬로그램 어린이가 30초간 뛸 때 나는 소음이다. 57dB은 28킬로그램 어린이가 50센티미터 높이에서 바닥으로 뛰어내렸을 때 생기는 소음이다. 따라서 이 기준은 아파트 거주자가 일상생활을 하는 데는 지장이 없다.

- 생활 소음 규제 기준표

단위: Leq dB(A)

지역 구분	적용 대상 지역	기준	
		낮(06:00~22:00)	밤(22:00~06:00)
일반 지역	'가' 지역	50	40
	'나' 지역	55	45
	'다' 지역	65	55
	'라' 지역	70	65
도로변 지역	'가'와 '나' 지역	65	55
	'다' 지역	70	60
	'라' 지역	75	70

1. 지역 구분별 적용 대상 지역의 구분은 다음과 같다.

가. '가' 지역

1) 국토의 계획 및 이용에 관한 법률 제36조 제1항 제1호 라목에 따른 녹지 지역
2) 국토의 계획 및 이용에 관한 법률 제36조 제1항 제2호 가목에 따른 보전 관리 지역
3) 국토의 계획 및 이용에 관한 법률 제36조 제1항 제3호 및 제4호에 따른 농림 지역 및 자연환경 보존 지역
4) 국토의 계획 및 이용에 관한 법률 시행령 제30조 제1호 가목에 따른 전용 주거 지역
5) 의료법 제3조 제2항 제3호 마목에 따른 종합병원의 부지 경계로부터 50미터 이내의 지역
6) 초·중등교육법 제2조 및 고등교육법 제2조에 따른 학교의 부지 경계로부터 50미터 이내의 지역
7) 도서관법 제2조 제4호에 따른 공공도서관의 부지 경계로부터 50미터 이내의 지역

나. '나' 지역

1) 국토의 계획 및 이용에 관한 법률 제36조 제1항 제2호 나목에 따른 생산 관리 지역
2) 국토의 계획 및 이용에 관한 법률 시행령 제30조 제1호 나목 및 다목에 따른 일반 주거 지역 및 준주거 지역

다. '다' 지역

1) 국토의 계획 및 이용에 관한 법률 제36조 제1항 제1호 나목에 따른 상업 지역 및 같은 항 제2호 다목에 따른 계획 관리 지역
2) 국토의 계획 및 이용에 관한 법률 시행령 제30조 제3호 다목에 따른 준공업 지역

라. '라' 지역

국토의 계획 및 이용에 관한 법률 시행령 제30조 제3호 가목 및 나목에 따른 전용 공업 지역 및 일반 공업 지역

2. '도로' 란 자동차(2륜 자동차는 제외한다)가 한 줄로 안전하고 원활하게 주행하는 데에 필요한 일정 폭의 차선이 2개 이상 있는 도로를 말한다.

3. 이 소음환경기준은 항공기 소음, 철도 소음 및 건설 작업 소음에는 적용하지 않는다.

길, 로,
대로는
어떻게 다른가

조선시대에는 모든 도로를 대로, 중로, 소로 3등급으로 나누었다. 기준은 노폭이었는데, 폭이 12보 이상이면 대로, 6보 이하는 소로, 그 중간으로 약 9보쯤 되는 길은 중로라고 했다.

이 밖에도 수레와 인마가 어느 정도 왕래하느냐에 따라 등급을 정하기도 했다. 《경국대전》에 따르면 서울에서 개성까

지는 대로, 개성에서 평양까지는 중로, 평양에서 의주까지는 소로로 규정했다. 조선 후기에 이르러 평양에서 의주까지의 길이 중로로 승격했다.

도성 안의 도로도 《경국대전》 규정에 따라 구분했다. 대로는 폭이 56자(尺, 17.5미터), 중로는 16자(5미터), 소로는 11자(3.5미터)였다. 의무 사항은 길 양쪽에 2자 정도의 배수로(60센티미터)를 두어야 했다.

행정자치부는 1996년 7월 5일 새 주소 사업을 추진하면서 길의 폭이나 길이에 따라 길 이름을 길, 로, 대로 3가지로 나누는 기준을 마련하여 8차로(4킬로미터 이상)는 대로, 2~7차로(2킬로미터 이상)는 로, 그 밖의 하위 도로는 길로 표기를 통일했다.

전골은 냄비에 푸른 채소 등 원재료를 넣고 육수를 부은 다음 직접 익혀 먹는 것을 말한다.

찌개는 주방에서 모든 재료를 넣어서 익힌 다음에 완성되어 나온 요리를 말한다.

탕은 국을 뜻하는데 약처럼 오래 곤 삼계탕, 곰탕 등을 가리킨다.

사전에서는 아래와 같이 구분한다.

국 : 탕湯이라고도 하는데, 명확한 구분은 없고 다만 한국 고유의 말로는 '국', 한자를 받아들인 말로는 '탕'이라 하여 '국'의 높임말로 사용한다.

탕(湯) : '국'의 높임말

찌개 : 고기나 채소, 어패류를 넣고 간장, 된장, 고추장, 새우젓 등으로 간을 맞추어 바특(국물이 조금 적어 묽지 아니함)하게 끓인 반찬.

전골 : 한국의 전통적인 조리법으로, 음식상 옆에 화로를 놓고 끓이거나 볶으면서 먹는 음식.

부엌에서 볶은 것을 담아 올리면 '볶음'이라 하고, 국물을 부어 자작하게 미리 끓여서 올리면 '조치' 또는 '찌개'라고 한다.

국과 찌개의 가장 큰 차이점은 건더기와 국물의 비율이다. 국은 국물이 주로 여겨지는 음식으로서 국물과 건더기의 비율이 6:4 또는 7:3으로 구성되지만, 찌개는 국물과 건더기의 비율이 4:6 정도이며 건더기를 주로 먹기 위한 음식이다. 또한 국은 각자의 그릇에 담아내지만 찌개는 같은 그릇에서 음식을 조리한 후 식사할 때 자신이 덜어서 먹는 음식이다. 국과 찌개는 이처럼 확연하게 차이가 난다.

    그러나 실제로는 사전의 정의로 잘 해명이 안 되는 경우가 있다. 국과 탕이 그렇다.

    미역국, 북엇국, 선짓국, 된장국 등 ~국은 상에 올린 뒤에는 별도의 양념을 하지 않으며 조리할 때 사용한 재료를 먹을 수 있다.

    반면 곰탕, 갈비탕, 설렁탕 등 ~탕은 조리할 때 사용한 재료를 먹을 수 없는 것도 있으며, 국과 같이 개인 그릇에 담아내지만 양념이 들어간다는 차이점이 있다. 국은 조리할 때 양념을 하고 별도의 조미료를 넣지 않지만 탕은 먹는 사람이 취향에 따라 소금, 파 등의 부수적인 양념을 가미한다. 또한 탕은 국에 비해 비교적 조리 시간이 길다.

책의
기준은
무엇인가

책이란 글이나 그림을 인쇄한 종이를 겹쳐 맨 물건이다. 어렵지만 '문자 또는 그림의 수단으로 표현된 정신적 소산을 체계 있게 담은 물리적 형체'라고 정의하기도 한다.

고대에는 대, 나무, 깁(거칠게 짠 비단), 잎, 가죽 등으로 책을 만들었고, 점차 종鍾, 솥, 제기, 쇠붙이, 돌, 기와, 갑골(거북 등 딱지), 댓조각, 나뭇조각도 책의 재료로 쓰였다.

동양에서 책의 기원은 죽간竹簡과 목독木牘을 체계 있게 편철하여 사용하였던 책策이다.

죽간은 대를 켜서 불에 쬐어 대나무의 진을 빼고汗簡 퍼런 껍질을 긁어내어殺靑 글씨 쓰기 쉽게 다듬은 댓조각을 말한다. 목독은 나무를 켜서 넓고 큰 판을 만들어 말린 다음 표면을 곱게 갈아 글씨 쓰기 쉽게 한 나뭇조각을 말한다.

여기에 글 내용을 써서 체계 있게 편철하는 방법으로 횡련식橫連式과 중적식重積式이 있다. 횡련식은 가볍고 작은 대와 나뭇조각의 위아래를 마치 대발을 엮듯이 끈으로 잇달아 엮어 수록된 문장을 체계 있게 만드는 방법이다. 중적식은 크고 무거운 나뭇조각을 엮을 때 위쪽에 한 개의 구멍을 뚫고 끈으로 꿰뚫어 중적의 상태로 체계 있게 만드는 방식이다. 끈은 노와 실을 사용하였으나, 중적식으로 엮어야 하는 크고 무거운 책策은 부드럽게 다룬 가죽끈을 사용했다.

책의 명칭은 예로부터 다양하게 사용되어왔다. 그 용어로는 책册, 전典, 죽백竹帛, 지志, 기記, 전傳, 서書, 본本, 서적書籍, 전적典籍, 도서圖書, 문헌文獻 등이 있고, 그 밖에도 많은 합성어가 생겨났다.

'책册'이 나온 뒤로는 간책簡册, 죽책竹册, 전책典册, 엽책葉册, 서책書册, 첩책帖册, 접책摺册, 보책譜册, 책자册子 등으로 나뉘었다. 우리나라에서는 서책이란 용어가 가장 많이 쓰였다.

《설문해자》에 따르면 '전典'은 책상 위에 책册을 잘 꽂아놓은 모양을 보고 만든 글자라고 한다. '여러 책, 귀중한 책'이란 뜻이다. 전책典册, 전적典籍, 고전古典, 원전原典, 경전經典, 불전佛典, 법전法典 등으로 쓰인다. 우리나라에서 전적과 고전은 옛 책의 일반 칭호로 널리 사용된다.

'죽백竹帛'은 서적, 특히 역사를 기록한 책을 이르는 말이다. '죽竹'은 죽간, '백帛'은 견직물을 뜻하는 것으로, 종이가 발명되기 전에 대쪽이나 헝겊에 글을 써서 기록한 데서 생긴 말이다.

'지志'와 '기記'는 기록을 의미한다. 옛 사람들은 이것을 항상 책의 통칭으로 써왔다.

'전傳'은 경經을 해석한 것을 의미하며, 행실을 기술한 글도 전이라 했다. 그러나 이것은 진秦나라와 한漢나라 이후의 개념이고, 그 이전에는 책을 통칭하는 데 쓰였다.

'서書'는 율聿과 자者 두 자로 합성된 글자다. '聿'은 글씨 쓰는 붓[筆]을 뜻하고, '者'는 저箸의 옛 글자로서 쓰는 것을 뜻한다. 그러므로 서는 바른손으로 붓을 잡고 죽백 등에 글씨를 쓰는 행위를 뜻한다. 처음에는 서사書寫한다는 동사로 쓰였으나, 죽백에 쓴 것을 서라고 한 이후 명사로도 쓰이게 되었다. 서가 책의 일반적인 어휘로 쓰인 것은 전국시대 초기부터이다.

'본本'도 일찍이 책의 뜻으로 쓰였다. 합성어로서 지금도 쓰인다. 영인본, 희귀본 등이 그 예다.

'서적書籍'은 자주 보인다. 서적점書籍店, 서적원書籍院 등처럼 쓰인다.

'전적典籍'도 서적처럼 많이 쓰였다. 오늘날 전적이란 품위

제18장

있게 만든 옛 서적을 주로 가리킨다.

'도서圖書'는 하도낙서河圖洛書에서 유래된 말로, 본래 그림과 글씨가 함께 수록된 책을 가리킨다. 우리나라에서는 대한제국 말엽에 영어 '라이브러리library'를 서적고書籍庫, 서적관書籍館, 서적종람소書籍縱覽所 등으로 번역했다가 1906년에 대한도서관大韓圖書館이라는 명칭을 사용한 뒤로 도서가 책을 통칭하는 어휘로 자리 잡았다.

'문헌文獻'은 책과 비슷하지만 '신뢰할 만한 책'이라는 뜻이 담겨 있다. 헌獻은 현賢의 가차假借로서 현인賢人을 뜻한다. 영어의 클래식classic과 비슷한 의미다.

언어학에서는 고대의 언어로 쓴 글을 엮은 고전 자료를 문헌이라고 하며, 그 원문을 해석·비평·고증하는 것을 문헌학philology이라고 한다.

자전의 의미

책(册) : 글씨를 적을 수 있도록 다듬은 나뭇조각, 즉 판板이다.

책(策) : 대나무를 엮어 만든 죽간을 가리킨다.

서(書) : 문서를 포함한 넓은 개념의 책이다.

판(版) : 나무로 만든 목판으로 방方이라고도 한다.

전(典) : 오제五帝의 글이다. 곧 법을 나타내고, 법을 담은 책을 가리킨다. 권위가 높은 고전이라고 할 수 있다.

《규장총목奎章總目》 서문에는 이러한 정의가 나온다.

무릇 대쪽簡을 차례로 엮은 것을 편編이라 하고, 그 편을 길게 연결한 것을 책册이라 한다. 폈다 말았다 하는 것을 권卷이라 하고, 두루마리를 축軸이라 한다. 몇 장의 종이로 된 것

을 엽葉이라 하고, 엽을 가지런히 하여 제책製册한 것을 본本
이라 한다. 일종一種을 일부一部라 하고, 일책一册을 일본一本이
라 하고, 일편一編을 일권一卷이라 한다.

현대에 이르러 조세는 국가가 필요한 경비를 국민으로부터 강제로 거두어들이는 세금이란 뜻으로 쓰인다. 그러나 조선시대까지만 해도 엄연히 구분되는 어휘였다.

조租는 땅 주인(주로 관료나 귀족)이 소작농에게 부과하는 세금이다. 국가가 관여하지 않는다. 세稅는 땅 주인이 국가에 바치는 세금이다.

즉, 땅주인은 소작농으로부터 조租를 받아 국가에 세稅를 내는 것이다.

귀신과
혼백은
어떻게 다른가

귀鬼는 음의 정기를 가지고 있는 영혼이고, 신神은 양의 정기를 가지고 있는 영혼이다.

혼魂은 정신을 가리키는 양의 넋으로 죽은 뒤 승천하여 신神이 된다. 백魄은 육체를 가리키는 음의 넋으로 죽은 뒤 땅속으로 들어가 귀鬼가 된다.

따라서 혼백은 살아 있을 때의 넋이다. 그래서 혼이 나갔다는 표현이 가능하다.

귀신은 죽은 뒤에 남는 넋을 가리킨다.

사전(事典)과
사전(辭典)은
어떻게 다른가

사전事典은 사물에 대한 정의를 적은 책이다. (예_ 브리태니커백과사전, 민족문화대백과사전)

사전辭典은 어휘에 대한 정의를 적은 책이다. (예_ 국어사전, 영어사전)

소리를
가리키는
여러 가지 말

운韻은 한자를 소리의 성질에 따라 분류하는 것이다. 음성의 동화와 소리의 여음餘音이다.

율律은 음악적 가락, 피리의 음으로써 정한 음계다.

음音은 물체가 진동하여 나는 소리, 귀로 들어 인식할 수 있는 자극이다. 듣기 좋은 소리다.

악樂은 (악기 등을) 연주하는 것이다. 노래가사와 악기의 연주 소리다.

향響은 울림, 메아리다.

율律은 동양 12음률 중 양의 소리다.

여呂는 동양의 12음률 중 음의 소리다.

운율韻律은 시문詩文의 음성적 형식이다.

음률音律은 소리와 음악의 가락이다. 또 오음五音과 육률六律을 아울러 이르는 말이다. 오음은 궁상각치우의 다섯 음률, 육률은 십이율 가운데 양의 소리에 속하는 여섯 가지 소리인 황종, 태주, 고선, 유빈, 이칙, 무역을 이른다. 육률과 짝을 이루는 소리는 육려다.

음향音響은 물체에서 나는 소리와 그 울림이다.

자字는 글자 하나를 가리킨다. (예_ 문자)

자字를 묶으면 구句가 된다. (예_ 문구)

구句를 묶으면 장章이 된다. (예_ 문장)

문文은 글자 한 자 한 자가 독립된 뜻을 나타내는 글자다. 자字는 독립된 뜻을 나타내지 않을 수 있다. 그래서 문장文章은 여러 개의 문과 자가 엮인 글을 가리킨다.

가정(家庭) 각축(角逐) 갈등(葛藤) 경영(經營) 계급(階及) 계단(階段)
고독(孤獨) 고무(鼓舞) 고취(鼓吹) 고통(苦痛) 과실(果實) 관건(關鍵)
관계(關係) 관리(官吏) 교육(敎育) 교활(狡猾) 국가(國家) 귀감(龜鑑)
균열(龜裂) 금슬(琴瑟) 기강(紀綱) 기근(饑饉) 기도(祈禱) 기치(旗幟)
난관(難關) 낭자(狼藉) 낭패(狼狽) 노비(奴婢) 단련(鍛鍊) 답습(踏襲)
도검(刀劍) 도로(道路) 도서(島嶼) 도시(都市) 도자(陶瓷) 도적(盜賊)
도탄(塗炭) 망라(網羅) 매매(賣買) 명분(名分) 명분(分分) 모범(模範)
모순(矛盾) 묘사(描寫) 무용(舞踊) 민중(民衆) 방위(防衛) 방위(方位)
병사(兵士) 보루(堡壘) 보필(輔弼) 봉수(烽燧) 봉황(鳳凰) 분수(分數)
붕괴(崩壞) 붕우(朋友) 빈객(賓客) 사직(社稷) 사찰(寺刹) 선거(選擧)
성곽(城郭) 성씨(姓氏) 숙맥(菽麥) 시위(示威) 시위(侍衛) 신음(呻吟)
신체(身體) 언론(言論) 언어(言語) 영수(領袖) 영향(影響) 의상(衣裳)
임면(任免) 재상(宰相) 전포(田圃) 제사(祭祀) 제수(除授) 지척(咫尺)
질곡(桎梏) 창호(窓戶) 척결(剔抉) 충(忠)과 순(順) 치아(齒牙)
퇴고(推敲) 특종(特種) 폭로(暴露) 표리(表裏) 풍진(風塵) 해양(海洋)
호흡(呼吸) 화폐(貨幣) 회자(膾炙)

제9장

상대적이며 절대적인

한자어

가정(家庭)

가家는 집, 정庭은 마당을 가리킨다.

각축(角逐)

각角은 뿔 가진 짐승들이 뿔을 비벼대며 싸우는 것이고, 축逐은 멧돼지 따위가 다투어 돌진하는 것이다.

갈등(葛藤)

갈葛은 칡이나 칡넝쿨, 등藤은 등나무나 등나무 넝쿨을 가리킨다.

경영(經營)

경經은 목표이고, 영營은 실천이다.

계급(繼及)

계繼는 아버지가 죽어 자식이 뒤를 잇는 것이고, 급及은 형이 죽어 동생이 뒤를 잇는 것이다.

계단(階段)

계階는 사다리나 섬돌의 한 칸 한 칸 단위 또는 그 전체를 가리키고, 단段은 사다리나 섬돌이 한 번 꺾어지는 단위다.

고독(孤獨)

고孤는 어려서 부모를 잃은 사람이고, 독獨은 늙어서 자식이 없는 사람이다.

현대에 이르러 세상에 홀로 떨어져 있는 듯이 매우 외롭고 쓸쓸한 사람을 고독한 사람이라고 통틀어 표현하는 경향이 있는데 노인이 혼자 사는 경우에는 독거獨居라고 하고, 부모 없는 어린이는 고아孤兒라고 하여 엄격히 구분한다.

고무(鼓舞)

고鼓는 북을 두드리는 것이고, 무舞는 춤을 추는 것이다.

고취(鼓吹)

고鼓는 북을 두드리는 것이고, 취吹는 피리를 부는 것이다.

고통(苦痛)

고苦는 쓴맛을 느끼는 것이고, 통痛은 아픔을 느끼는 것이다.

과실(果實)

과果는 나무의 열매이고, 실實은 풀의 열매다.

관건(關鍵)

관關은 문을 열지 못하도록 가로지르는 빗장이고, 건鍵은 문에 거는 자물쇠다.

관계(關係)

관關은 국경을 드나드는 전략 요충지의 출입용 통로고, 계係는 관과 관을 잇는 성城이다.

관리(官吏)

관官은 수령 이상의 관직을 가진 사람이고, 이吏는 중인이 맡아 행정 실무를 담당하는 서리胥吏, 향리鄕吏 등을 가리킨다.

교육(敎育)

교敎는 지식을 가르치는 것이고, 육育은 몸을 기르는 것이다.

교활(狡猾)

교狡는 개를 닮고, 표범 무늬에 소뿔처럼 생긴 뿔을 가진 짐승이다. 마치 개처럼 짖었는데, 한번 나와 짖어대면 그 나라에 대풍大豊이 든다고 한다. 하지만 워낙 간사하여 나올 듯 말 듯 애만 태우다가 끝내 나타나지 않는다. 활猾은 사람처럼 생겼으나 돼지 갈기처럼 몸에 털이 있고 동굴에 사는 동물이다. 활이 한번 출현하면 그 지역이나 나라에 큰 우환이 생기고 난리가 일어난다고 한다.

국가(國家)

고대에, 국國은 제후가 다스리는 나라, 가家는 대부가 다스리는 나라였다. 왕이 다스리는 나라는 천하天下라고 하여 나라 명칭에 '국國' 자를 붙이지 않는다.

귀감(龜鑑)

귀龜는 거북의 등이다. 감鑑은 거울이다. 옛날에는 거북 등 딱지를 태우고 청동거울을 보아 길흉을 판단했다.

균열(龜裂)

균龜은 거북이 등딱지처럼 딱딱한 것이 갈라진 것이다. 열裂은 옷감 따위가 찢어진 것을 나타낸다.

금슬(琴瑟)

금琴은 여섯 줄의 작은 거문고다. 슬瑟은 열다섯, 열아홉, 스물다섯, 스물일곱 줄로 된 큰 거문고다. 작은 거문고와 큰 거문고가 조화를 이루어 좋은 소리를 낸다는 뜻이다.

CC BY-SA 김준민

기강(紀綱)

기紀는 그물코를 꿰는 작은 벼릿줄이고, 강綱은 그물코를 꿰는 큰 벼릿줄이다.

기근(饑饉)

기饑는 굶주림이고, 근饉은 흉년이다.

기도(祈禱)

기祈는 신에게 알리는 것이고, 도禱는 신에게 그 일이 잘 성취되기를 비는 것이다.

기치(旗幟)

기旗는 깃발이고, 치幟는 표지다.

난관(難關)

　난難은 상상의 '목마른 새' 다. 이 새는 용의 허파와 봉황의 피만 먹어야 사는데, 실제로 용과 봉황을 볼 수 없기 때문에 늘 배고픔에 지쳐 결국 일찍 죽는다. 관關은 빗장을 건 관문 또는 관문의 빗장이다. 따라서 난이 먹고살기가 어렵고 닫힌 관문 열기가 어렵다는 뜻이다.

낭자(狼藉)

　낭狼은 이리, 자藉는 깔개나 자리다. 이리가 자다 일어난 자리라는 뜻으로, 어지럽고 지저분한 것을 가리킨다.

낭패(狼狽)

　낭狼은 뒷다리 두 개가 아주 없거나 아주 짧은 동물이다. 꾀가 부족한 대신 용맹하다. 패狽는 앞다리 두 개가 아예 없거나 짧은 동물이다. 꾀가 있는 대신 겁이 많다.

노비(奴婢)

노奴는 사내종이다. 비婢는 계집종이다.

단련(鍛鍊)

단鍛은 쇠를 불에 달구어 불리는 것이고, 연鍊은 불에 달군 물렁한 쇠를 두드리는 것이다.

답습(踏襲)

답踏은 그대로 따라서 밟는 것이고, 습襲은 이어받는 것이다.

도검(刀劍)

도刀는 작은 칼로 한쪽으로만 날이 선 것이고, 검劍은 큰 칼이며 양쪽으로 날이 선 것이다.

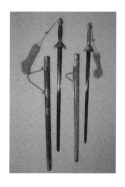

도로(道路)

도道는 수레 두 대가 다닐 수 있는 2차로 길이고, 노路는 수레 세 대가 다닐 수 있는 3차로 길이다.

도서(島嶼)

도島는 큰 섬을 가리키고, 서嶼는 작은 섬을 가리킨다. 하지만 우리나라에서는 크든 작든 모두 섬 또는 도라고 표시한다.

도시(都市)

도都는 임금이 정사를 펴는 지역이고, 시市는 백성이 사는 경제 중심지다. 도가 왕궁을 포함한 내성이라면 시는 외성의 시장과 거리를 가리킨다.

CC BY-SA Piotrus

도자(陶磁)

도陶는 옹기, 즉 질그릇을 말한다. '질'은 진흙이란 뜻이다. 굽는 온도는 섭씨 1300도 미만이다. 영어로 'earthenware' 또는 'pottery'라고 한다.

자磁는 섭씨 1300~1500도 온도를 유지하면서 반드시 가마에서 굽는다. 영어로 'porcelain'이라고 한다. 청자, 백자, 분청사기 등이 여기에 속한다.

토기는 섭씨 800도 미만에서 굽는다. 약 9000년 전부터 인류가 그릇을 만들던 방식으로 현대에는 기와, 화분, 토관 따위를 만든다. 일본에서 만든 용어로, 우리나라에서는 도기로 통칭하는 경우가 많다. 경계가 불분명하기 때문이다.

도적(盜賊)

도盜는 제 것 아닌 것을 취하는 것이다. 적賊은 남을 못살게 굴고 그 생명을 빼앗는 것이다. 따라서 도는 도둑, 적은 반란군으로 쓰인다.

도탄(塗炭)

도塗는 진흙탕이고, 탄炭은 숯불이다.

망라(網羅)

망網은 물고기를 잡는 그물, 나羅는 새를 잡는 그물이다.

매매(賣買)

매賣는 파는 것이고, 매買는 사는 것이다.

명분(名分)

명名은 이름이고, 분分은 직책이다. 대통령 홍길동이라고 하면 홍길동은 명이고, 대통령은 분이다.

명분(名分)

야간에 자신이 누구인지 밝히기 위한 것이 곧 이름인 명名이다. 처음에는 마치 군대의 수하(誰何 : 누구냐)처럼 사용되었다. 직책이나 직분은 분分이다.

여기에서 명분이 있다, 없다는 말이 나왔다. 명분이 없다면 이름과 직책이 없으므로 간첩이거나 적으로 간주된다. 그러므로 명분이 없는 사람은 관關으로 들일 수도 없고 영營 출입도 거절된다.

모범(模範)

무엇을 똑같이 찍어내는 나무틀이 모模, 대나무 틀은 범範이다.

모순(矛盾)

모矛는 찌르는 창, 순盾은 막는 방패다.

묘사(描寫)

묘描는 그대로 그리는 것이고, 사寫는 그대로 베끼는 것이다.

무용(舞踊)

무舞는 팔을 젓는 춤이고, 용踊은 발로 뛰는 춤이다.

민중(民衆)

민民은 노예, 중衆은 주로 벼슬하지 못한 서민을 가리킨다.
이후 벼슬하지 않은 모든 백성을 가리키는 어휘로 변했다.

방위(防衛)

방防은 막는 것이다. 위衛는 지키는 것이다.

방위(方位)

방方은 평면적인 상태에서 가리키는 동서남북 등 일정한 방향이다. 위位는 수평적인 상태에서 가리키는 높낮이다.

병사(兵士)

병兵은 실제 무기를 휴대하고 전투를 하는 사람(일반 병사) 이다. 사士는 장수 밑에서 군대를 지휘하는 사람이다.

보루(堡壘)

보堡는 작은 성이다. (예_ 강화도 광성보)

누壘는 큰 성이다.

보필(輔弼)

보輔는 왕의 왼쪽에 서는 신하다. 필弼은 왕의 오른쪽에 서는 신하다.

봉수(烽燧)

봉烽은 낮에 올리는 연기다. 수燧는 밤에 올리는 불빛이다.

봉황(鳳凰)

봉鳳은 수컷 봉황이다. 황凰은 암컷 봉황이다.

분수(分數)

분分은 직책이나 직분을 말한다. 수數는 등급이나 구분을 말한다.

붕괴(崩壞)

붕崩은 (산이나 언덕 따위가) 무너지는 것이다. 괴壞는 (집이나 건물이) 허물어져 내려앉는 것이다.

붕우(朋友)

붕朋은 같은 스승에게 배운 동학同學끼리 부르는 말이다. 여기서 붕당이라는 말이 나왔다. 요즈음의 동창 개념이다. 우友는 뜻을 같이하는 사람을 가리키는 말이다. 동지 개념 이다.

빈객(賓客)

집에 찾아온 귀한 손님은 빈賓이다. 국빈, 내빈처럼 쓰인 다. 잠시 머물다 가는 사람은 객客이다.

사직(社稷)

사社는 땅의 신령에게 제를 지내는 곳이나 그 행위를 뜻한다. 직稷은 곡물의 신이다. 원래 직은 곡식의 일종이었다.

사찰(寺刹)

사寺는 대웅전 등 건물을 가리킨다. 찰刹은 사리를 담아두는 탑塔이다.

선거(選擧)

선選은 인물을 뽑는 것. 거擧는 인물을 추천하는 것이다.

성곽(城郭)

성城은 내성內城으로, 주로 왕이 거주하는 곳이다. 경복궁, 창덕궁, 덕수궁 등이 그것이다.

곽郭은 외성外城으로, 관부와 백성이 거주하는 곳이다.

성씨(姓氏)

성姓은 아버지의 출신으로 부계 혈통이다. 씨氏는 어머니의 출신으로 모계 혈통이다. 다만 조선시대에는 여성의 이름을 부르지 않는 관습이 있어 성씨로 계급을 구분했다. 사대부 가문의 여성은 이름 대신 씨氏가 붙고, 향리나 중인은 성姓이 붙고, 평민은 소사召史를 붙였다. 따라서 여주 김씨라면 사대부 가문인 여주 김 씨 가의 여성이라는 뜻이고, 김성은 중인 집안의 김씨, 김소사라면 평민 집안의 김씨라는 뜻이다. 한편 양반가 남성의 이름을 생략할 때는 공公을 붙여 이공, 김공으로 호칭했다.

숙맥(菽麥)

숙菽은 콩이고, 맥麥은 보리다.

시위(示威)

시示는 플래카드나 피켓, 구호 등으로 자신의 주장을 내보이는 것이다. 위威는 으르고 협박하는 것이다. 어깨동무를 하고 달려가거나 화염병을 투척하거나 각목을 휘두르는 등의 과격 행위를 말한다.

시위(侍衛)

시侍는 모신다는 뜻으로, 업무적으로 돕는 것을 가리킨다. 위衛는 지킨다는 뜻으로, 직접적인 신변 경호를 가리킨다.

신음(呻吟)

신呻은 아파서 끙끙거리는 것이다. 주로 비명처럼 의미 없는 소리다. 음吟은 무슨 말을 읊는 것이다. '으윽, 윽, 아이고, 헉' 등은 신에 속하고, '아파요, 살려주세요, 아이 죽겠네' 등은 음에 속한다.

신체(身體)

신身은 몸통, 즉 살과 근육이다. 체體는 사지四肢, 즉 뼈로 된 형상이다.

언론(言論)

언言은 자신의 생각이나 의견을 발표하는 말이다. 방송이 그 예다. 논論은 자신의 생각이나 의견을 발표하는 글이다. 신문이 그 예다.

언어(言語)

언言은 말하는 입장에서 본 말이다. (예_ 직언, 발언)

어語는 듣는 입장에서 본 말이다. [예_ 영어, 소어(笑語, 우스운 이야기)]

영수(領袖)

영領은 옷깃이다. 수袖는 소매다.

영향(影響)

영影은 그림자다. 향響은 (울려 퍼지는) 소리다.

의상(衣裳)

의衣는 상의上衣, 즉 윗도리다. 상裳은 하의下衣, 즉 아랫도리다.

임면(任免)

임任은 임명권자가 관직에 어떤 사람을 임명하는 것이다. 면免은 임명권자가 관직에 있는 사람을 면직하는 것이다.

재상(宰相)

재宰는 원래 요리를 담당하던 관리다. 중국 상商나라 때의 태재太宰는 요리사면서 종교의식이나 제사전례祭祀典禮를 맡았다. 그 뒤 주나라의 관직을 논한《주례》에 총재冢宰라는 용어가 등장하는데 지금의 총리 기능을 담당했다.

상相은 본디 빈찬(賓贊; 조회 때 의식을 관장하는 일)을 담당하던 관리다. 주나라에서는 제후들이 회합할 때 상이 의식을 관장하는 행례관行禮官을 맡았다. 당시만 해도 예절을 중시했으므로 상은 매우 중요한 직책이었다. 춘추전국시대에는 상이 국정까지 간여하면서부터 예관禮官에서 정관政官으로 성격이 바뀌었다. 명칭도 상국相國, 승상(丞相; 진나라가 가장 먼저 씀)으로 변했다.

전포(田圃)

전田은 곡식을 기르는 밭이다. 포圃는 채소와 과실을 기르는 밭이다.

제사(祭祀)

CC BY frakorea

제祭는 돌아가신 천자의 조부와 부친에 대한 예禮다. 사祀는 돌아가신 천자의 고조, 증조에 대한 예다.

제수(除授)

제除는 관직의 상징인 인수印綬를 거두어들이는 것, 즉 관직에서 해임하는 것을 말한다. 수授는 관직의 상징인 인수印綬를 내리는 것, 즉 관직에 임명하는 것을 말한다.

지척(咫尺)

지咫는 8치다. 척尺은 1자다. 1치는 3.03센티미터이고, 1지는 24.24센티미터이고, 1척은 30.3센티미터이다.

질곡(桎梏)

질桎은 죄인의 발에 채우는 차꼬다. 곡梏은 죄인의 손에 채우는 수갑이다.

창호(窓戶)

창窓은 바람이 드나드는 문이고, 호戶는 사람이 출입하는 문이다.

척결(剔抉)

척剔은 (뼈를) 깎아내는 것이다. 결抉은 (살을) 도려내는 것이다.

충(忠)과 순(順)

신하로서 주공主公, 즉 제후나 왕을 범하면 불충不忠이라고 한다. 동생으로서 형을 범하면 불순不順이라고 한다.

따라서 제후나 왕을 섬기는 걸 충이라고 하며, 형을 따르는 것을 순이라고 한다.

치아(齒牙)

치齒는 어금니를 제외한 보통의 이다. 아牙는 어금니다.

퇴고(推敲)

퇴推는 두드리는 것이다. 고敲는 미는 것이다.

특종(特種)

동물 중에서 특별한 것을 특特이라고 하고, 그중에서도 희생에 쓸 세 살이나 네 살짜리 수소를 말한다.

식물 중에서 특이한 것을 종種이라고 한다. 볍씨禾는 무거운 것으로 골라 쓴다는 데서 나온 말이다.

폭로(暴露)

햇빛에 쏘이는 것을 폭暴이라고 한다. 방사능에 쏘이는 것도 피폭이다. 이슬에 젖는 것을 노露라고 한다. 옷이 젖으면 골격이 숨김없이 다 드러난다는 의미다.

표리(表裏)

표表는 옷의 겉감이다. 이裏는 옷의 안감이다. 보이지 않는 안감의 질이 떨어지는 경우가 많아 표리가 다르다, 부동不同하다는 말이 나왔다.

풍진(風塵)

풍風은 바람이다. 진塵은 먼지다.

해양(海洋)

해海는 육지와 가까운 바다다. 동해, 황해, 지중해, 홍해가 그 예다.

양洋은 육지에서 멀리 떨어진 바다다. 태평양, 대서양, 인도양이 그 예다.

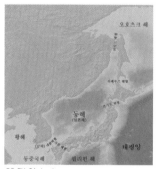

호흡(呼吸)

호呼는 내뱉는 숨이다. 흡吸은 들이마시는 숨이다.

화폐(貨幣)

화貨는 중국 전국시대에 유통되던 작은 칼 모양의 도전刀錢 등을 가리킨다. 조개를 가리키는 패貝는 청동기 이전에 돈 기능을 하였기 때문에 문자 속에 들어가 있다.

폐幣는 비단이 다. 옛날에는 비 단이 돈 기능을 했다. 전폐錢幣가 여기에 포함된다.

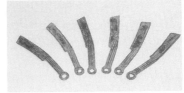

회자(膾炙)

회膾는 육회肉膾다. 고기를 잘게 썰어 지방을 빼고 살점만 모아 놓은 것이다. 주로 제사에 사용했다. 자炙는 구운 고기 다. 역시 제사에 사용했다.

상식을 깨는 우리말 속뜻 바루기

[근간]

뜻도 모르고 자주 쓰는

우 리 말
1000가지
(가제)

이재운 지음

'상식을 깨는 우리말 속뜻 바루기' 시리즈 첫 번째 책인 《뜻도 모르고 자주 쓰는 우리말 1000가지》는 일상생활에서 자주 쓰는데 그 뜻을 잘 모르고 쓰는 말이나 어렴풋이 알고 있어 엉뚱한 데 갖다 붙여 쓰는 말, 알고 보면 굉장히 험한 뜻을 가지고 있는데 아무렇지도 않게 쓰는 말, '아하, 이런 뜻이 있었구나!' 하고 무릎을 치게 되는 말 등을 가려 뽑아 정리한 우리말 속뜻 사전이다.

순우리말, 합성어, 한자어, 사자성어, 관용구, 일본어에서 온 말, 외래어, 은어로 분류하고 말의 유래와 변천 과정을 '본뜻'과 '바뀐 뜻'에서 자세히 설명했으며, 실생활에서 쓰고 있는 사례도 '보기글'에 수록하였다. 이 밖에도 어렴풋이 느낌만으로 함부로 사용해온 비어, 속어, 욕설로 쓰이는 말도 수록하여 그 본뜻에 담긴 참혹함이나 낯 뜨거움을 드러냄으로써 독자들이 일상에서 올바른 어휘를 쓰는 데 도움이 되도록 하였다.

'상식을 깨는 우리말 속뜻 바루기' 시리즈는 주제별로 우리말 어휘를 닦고 고르고 모아 그 뜻과 쓰임을 더욱 넓고 깊고 풍부하게 함으로써 우리말에 생명과 힘을 부여합니다. 지속적으로 새로 수집한 어휘를 증보함으로써 늘 책상 위에 놓여 까맣게 손때가 묻는 실용 사전의 구실을 톡톡히 할 것입니다.

[근간]

뜻도 모르고 자주 쓰는

우리 말
궁중어사전

이재운 지음

궁중어는 궁이라는 특수한 공간에서 사용한 비밀 은어이자 극존칭 언어이다. 궁중어는 왕의 권위를 위해, 왕실과 신하 사이의 위계질서를 확립하기 위해, 궁녀와 내시들만의 은밀한 소통을 위해 만들어진 최고 수준의 고급 언어이기 때문에 어느 나라 궁중어든 현대 표준어로 자리 잡은 경우가 많다. 우리나라 표준어 역시 조선시대 궁중어에 기초한다. 이 책은 현재까지 알려진 조선 궁중어를 살펴보면서 궁중 은어가 어떻게 쓰였는지, 궁궐 밖으로 나온 어휘가 무엇인지 일목요연하게 보여준다.

[근간]

뜻도 모르고 자주 쓰는

우리 말
은어사전

이재운 지음

은어는 소수 집단이 비밀을 지키고 자신들만의 이익을 꾀하기 위해 사용하는 언어이다. 은어는 종종 일반어로 튀어나오기도 하는데, 이런 점에서 언어학적 가치가 높다. 이 책은 백정, 남사당, 무당, 심마니, 노름꾼, 해녀와 어부, 기생, 예인, 소매치기, 거지, 시장 상인의 은어를 살펴보고, 특정 집단에서 쓰던 은어가 우리 일상생활 스며들어 어떻게 쓰이는지도 보여준다.